GUOXUEJINGDIAN

SONGDU

国学经典诵读

严琼燕 ◎主 编

ZHEJIANG UNIVERSITY PRESS
浙江大学出版社

编委会

主　编　严琼燕

副主编　陈瑛瑛　黄华超

参　编　吴京燕　高　颖　程江花　樊小宁

前　言

职业教育要培养全面发展的高素质技能型人才，首先要更新人才培养理念，培养学生的职业道德、职业技能、就业创业能力以及综合职业素养。

经典的诵读正是培养学生良好审美情趣和提升人文素养，促进学生全面发展的一条必经之路。朱自清先生曾指出："在中等以上的教育里，经典训练应该是一个必要的项目。经典训练的价值不在实用，而在文化。"十七八岁的中职生，热情昂扬、青春焕发，三年后，他们将踏上工作岗位，步入社会。而这三年时间，正是正确的世界观、人生观、价值观形成的关键时期。让他们耳濡目染于至圣先贤的智慧思想之中，拨开生活中的迷雾，点亮人生道路的明灯；让他们在经典诵读中感受传统美德的永恒魅力，明晓做人、立身、处世之道。诵读经典不仅是培养德智体美全面发展的高素质人才的需要，也是继承和发扬民族优秀文化传统的需要。

《国学经典诵读》全书共八个单元，每个单元设计两个板块："古典诗词精选诵读"板块，以时间为线索，精选五首古诗词供读者诵读，以传颂程度作为作品入选的首要标准，同时还兼顾作品的思想性和艺术性；"国学经典诵读"板块，遴选蒙学经典《弟子规》《三字经》《论语》《增广贤文》中的内容供读者诵读。

"雅言传承文明，经典浸润人生"，希望同学们通过诵读经典，了解中国文化历史的厚重与文化的脉络，感受人性的关怀与生命的尊严，传承文明，接续未来，走向更加丰盈优雅的人生。

在编写过程中，我们借鉴、参考了国内同类教材、著作、杂志、报纸和互联网上的相关资料，谨此说明，并表谢忱。

由于编写时间仓促，本书难免存在不足之处，我们真诚地希望读者能提出宝贵意见，以便再版时修正。

编　者

2018 年 8 月

目　录

第一单元

第二单元

第三单元

第四单元

第五单元

第六单元

第七单元

第八单元

第一单元

先秦两汉

关　雎

关关[①]雎鸠[②]，在河之洲[③]。窈窕淑女[④]，君子好逑[⑤]。
参差[⑥]荇菜[⑦]，左右流之[⑧]。窈窕淑女，寤寐[⑨]求之。
求之不得，寤寐思服[⑩]。悠哉悠哉[⑪]，辗转反侧[⑫]。
参差荇菜，左右采之。窈窕淑女，琴瑟友之[⑬]。
参差荇菜，左右芼[⑭]之。窈窕淑女，钟鼓乐之[⑮]。

注释：

①〔关关〕象声词，雌雄二鸟相互应和的叫声。

②〔雎鸠(jū jiū)〕一种水鸟的名字，据说这种鸟用情专一，不离不弃，生死相伴。

③〔洲〕水中的陆地。

④〔窈窕(yǎo tiǎo)淑女〕贤良美好的女子。窈窕，身材体态与内心美好的样子。窈，深邃，喻女子心灵美；窕，幽美，喻女子仪表美。淑，好，善良。

⑤〔好逑(hǎo qiú)〕好的配偶，佳偶。逑，匹配之意。

⑥〔参差〕长短不齐的样子。

⑦〔荇(xìng)菜〕水草类植物。圆叶细茎,根生水底,叶浮水面,可供食用。

⑧〔左右流之〕时而向左、时而向右地择取荇菜。这里是以勉力求取荇菜,隐喻"君子"努力追求"淑女"。流,求取,这里指摘取。之,指荇菜。

⑨〔寤寐(wù mèi)〕无论醒着或睡着。寤,睡醒。寐,入睡。

⑩〔思服〕思念。

⑪〔悠哉(yōu zāi)悠哉〕思念绵绵不断。悠,感思。哉,语气助词。悠哉悠哉,犹言"想念呀,想念呀"。

⑫〔辗转反侧〕翻来覆去不能入眠。

⑬〔琴瑟友之〕弹琴鼓瑟来亲近她。琴、瑟,皆弦乐器。琴五或七弦,瑟二十五或五十弦。友,用作动词,此处有亲近之意。这句说,用琴瑟来亲近"淑女"。

⑭〔芼(mào)〕择取,挑选。

⑮〔钟鼓乐之〕用钟奏乐来使"淑女"快乐。乐,使动用法,使……快乐。

赏析

《关雎》是《诗经》的开篇之作,而《诗经》是中国第一部诗歌总集,编成于春秋时代。《诗经》主要以四言为主,在结构上重章叠句,语言上双声叠韵。

《关雎》这首诗所要表达的意思很简单,其实就是写一个少年男子对心中所爱慕姑娘的思念、追求,诗意地描绘了一个完整的爱情过程。诗的一开始就描绘出一幅美丽的图景:春天的河边,绿草盈盈,成双成对的雎鸠在水中嬉戏,一位美丽的少女在河边采摘荇菜,她引发了少年男子的无限情思。男子得不到姑娘回应时心里苦恼,翻来覆去睡不着觉;得到了姑娘回应就很开心,弹琴奏瑟来庆贺。诗中反复写了男子对爱情的执着追求和细心呵护,从"采之、芼之、友之、乐之"就可以看出来。这首诗中,把男子称为"君子",把女子称为"淑女",寄予了作者对这对情侣的美好祝愿。在古语中,"君子"指的是有品行,有才能的人;"淑女"指的是善良美好的女子。所谓郎情妾意,郎才女貌,"君子"与"淑女"的结合,势必会成为一段佳话,也代表着作者对理想爱情的美好向往。

在韵律上，这首诗大量采用了双声、叠韵、叠字，如“关关”是叠字，形容水鸟的叫声；“窈窕”是叠韵，表现淑女的美丽；“参差”是双声，描绘水草的茂盛；“辗转”为双声加叠韵，刻画因相思而不能入睡的情状。这些词汇，既有声音的和谐美，又有生动的形象美。

在意象上，这首诗采用了寄情于物，寄情于行。开篇一句“关关雎鸠”直接就点明了全诗所要表达的情感，成双成对的水鸟直接引起了诗中主人公的情思。随后通过“寤寐”“辗转”“琴瑟”“钟鼓”四种递进的行为间接反映了主人公追求心中姑娘的情感变化，从一开始的忐忑到最后的欢快，描绘出了一个单纯浪漫的古代爱情故事。

蒹葭

蒹葭[①]苍苍[②]，白露为[③]霜。所谓[④]伊人[⑤]，在水一方[⑥]。
溯洄[⑦]从[⑧]之，道阻[⑨]且长。溯游从之，宛[⑩]在水中央。
蒹葭萋萋，白露未晞[⑪]。所谓伊人，在水之湄[⑫]。
溯洄从之，道阻且跻[⑬]。溯游从之，宛在水中坻[⑭]。
蒹葭采采，白露未已。所谓伊人，在水之涘[⑮]。
溯洄从之，道阻且右[⑯]。溯游从之，宛在水中沚[⑰]。

注释：

①〔蒹葭(jiān jiā)〕蒹，荻，形状像芦苇。葭，芦苇。

②〔苍苍〕鲜明、茂盛的样子。下文“萋萋”“采采”义同。

③〔为〕凝结成。

④〔所谓〕所说的，此指所怀念的。

⑤〔伊人〕那个人，指所思慕的对象。

⑥〔在水一方〕在水的那一边。比喻所在之远。

⑦〔溯洄〕逆流而上。下文"溯游"指顺流而下。一说"洄"指弯曲的水道,"游"指直流的水道。

⑧〔从〕追寻。

⑨〔阻〕险阻,(道路)难走。

⑩〔宛〕宛然,好像。

⑪〔晞(xī)〕干。

⑫〔湄(méi)〕水和草交接的地方,也就是岸边。

⑬〔跻(jī)〕上升,攀登。指道路险峻,需攀登而上。

⑭〔坻(chí)〕水中小洲或高地。

⑮〔涘(sì)〕水边,崖岸。

⑯〔右〕迂回曲折。

⑰〔沚(zhǐ)〕小洲。

赏析

《蒹葭》选自《诗经·秦风》,大约是2500年以前产生在秦地的一首民歌。《蒹葭》篇幅简短,却营造了优美的意境和情致,读起来一唱三叹,令人荡气回肠,备受人们的赞赏。近代学者王国维在《人间词话》里就说:"《诗·蒹葭》一篇,最得风人深致。"

对于这首诗,人们历来有不同的理解。这里,我们重点从爱情诗的角度来进行解析,主要描写爱情中主人公求而不得的惆怅情绪。

这首诗中的"伊人"一般都认为是作者心中所思慕之人,整首诗围绕着"伊人"营造出朦胧凄美的意境,从视觉、听觉全方位感染着读者。

视觉上,诗的开篇"蒹葭苍苍,白露为霜",在水边一大片摇曳的蒹葭,和着秋水中的倒影,在同为青苍色的天际底下,水天一色,蒹葭苍苍,随风摇曳,凄迷朦胧的景象扑面而来。接下来"所谓伊人,在水一方",水气氤氲里,女子更加显得影影绰绰,美妙无比。蒹葭、白露、伊人、秋水,越发显得难以捉摸,构成了一幅朦胧淡雅的水墨画。

听觉上,读者仿佛可以听到:淙淙的流水声,雾气氤氲向上的沙沙声,芦苇在风中摇曳的哗哗声，主人公来回寻觅的脚步声，主人公求之不得的叹息声。这些声音让诗歌的意境更加生动，更加具有生命力。作为歌谣，为获得声韵上的美感，诗中使用了双声、叠字。如“蒹葭”为双声，“苍苍”“萋萋”“采采”为叠字。用韵和句式的参差变化以及双声、叠字的运用，增强了诗歌的节奏感和音乐美。

当然，除了将这首诗歌作为爱情诗解读以外，“伊人”也可以泛指我们平时生活中一些可望而不可即的东西，这就涉及这首诗的象征意义。这里的“伊人”，可以是贤才、友人、情人，可以是事业、理想、前途；这里的“河流”，可以是高山、深堑，可以是宗法、礼教，也可以是现实人生中我们在追寻理想的时候遇到的任何障碍。总之，只要言之成理，我们完全可以用自己的经验和思考加以补充。

长歌行

青青园中葵，朝露[②]待日晞[③]。
阳春[④]布[⑤]德泽[⑥]，万物生光辉。
常恐秋节[⑦]至，焜黄[⑧]华[⑨]叶衰[⑩]。
百川[⑪]东到海，何时复西归？
少壮[⑫]不努力，老大[⑬]徒[⑭]伤悲。

注释：

①〔长歌行(xíng)〕汉乐府曲调名。

②〔朝露〕清晨的露水。

③〔晞(xī)〕天亮，引申为阳光照耀，晒干。

④〔阳春〕温暖的春天。

⑤〔布〕分布，散布。

⑥〔德泽〕恩泽，恩惠。

⑦〔秋节〕秋季。节，时节，节令。

⑧〔焜(kūn)黄〕枯黄，形容草木凋落枯黄的样子。

⑨〔华(huā)〕同“花”。

⑩〔衰(cuī)〕衰落，凋零。

⑪〔百川〕无数条江河。百，虚指，形容数量多。

⑫〔少壮〕年轻力壮，指青少年时代。

⑬〔老大〕指年老了，老年。

⑭〔徒〕徒然，白白地。

赏析

乐府诗这种诗歌体裁最能代表汉代诗歌成就，经常采用赋、比、兴、互文、反复歌咏的修饰手法及铺陈、对比、烘托等技巧状物抒情。《长歌行》将以上的诗歌特色表现得淋漓尽致。“长歌”一般用于表达深沉的感情，这首诗通过描写、抒情等表现手法将整首诗的情感刻画得令人回味无穷。

“青青园中葵”四句通过清晨、朝露、青葵、阳光，描绘了一幅明媚的春景。园子里绿油油的葵菜上还带着露珠，早晨的太阳升起之后，晒干了露水，葵菜又沐浴在一片阳光中。世上的万物都在春天受到大自然阳光、雨露的恩惠，焕发出无比的光彩。诗人对大自然的热爱及其欢愉之情跃然纸上。但是笔锋一转，秋天的到来，草木就会枯萎凋落，失去原有的光鲜，转向衰落。这种消极悲伤的情绪让作者联想到，人生可不就同这眼前的草木一样？即使有朝气蓬勃、灿烂辉煌的时候，但也逃不脱韶光易逝、暮年沉沉。时间就像河水一样，会一直不断地向大海奔流，一去不复返。正是因为时间的不可挽回，岁月的不断流逝，我们才不能虚度人生，浪费时间，否则就枉为此生。所以作者通过“少壮不努力，老大徒伤悲”的感慨，以人生经验为教训，劝告大家要珍惜时间，珍惜青春，否则到年老的时候再后悔也不可能挽回了。整首诗的情绪由“欢喜”到“哀伤”，再由“哀伤”到“反思”，起承转合浑然一体。

陌上桑[1]

日出东南隅[2]，照我秦氏楼。秦氏有好女[3]，自名为罗敷。罗敷喜蚕桑[4]，采桑城南隅。青丝为笼[5]系[6]，桂枝为笼钩[7]。头上倭堕髻[8]，耳中明月珠。缃绮[9]为下裙，紫绮为上襦[10]。行者见罗敷，下担捋[11]髭[12]须[13]。少年见罗敷，脱帽著帩头[14]。耕者忘其犁，锄者忘其锄。来归相怨怒，但坐观罗敷。

使君[15]从南来，五马立踟蹰。使君遣吏往，问是谁家姝[16]？"秦氏有好女，自名为罗敷。""罗敷年几何？""二十尚不足，十五颇有余。"使君谢[17]罗敷："宁可共载不[18]？"罗敷前致辞："使君一何愚！使君自有妇，罗敷自有夫。"

"东方千余骑，夫婿居上头[19]。何用识夫婿？白马从骊驹，青丝系马尾，黄金络马头；腰中鹿卢剑[20]，可值千万余。十五府小吏，二十朝大夫，三十侍中郎[21]，四十专城居。为人洁白皙，鬑鬑[22]颇有须。盈盈[23]公府步，冉冉[24]府中趋。坐中数千人，皆言夫婿殊。"

注释：

①〔陌上桑〕田间小路的桑林。陌，田间的路。桑，桑林。

②〔东南隅〕指东方偏南。隅，方位、角落。

③〔好女〕美女。

④〔喜蚕桑〕喜欢采桑养蚕。

⑤〔笼〕篮子。

⑥〔系〕络绳（缠绕篮子的绳子）。

⑦〔笼钩〕一种工具。采桑时用来钩桑枝，行时用来挑竹筐。

⑧〔倭堕髻（wō duò jì）〕即堕马髻，发髻偏在一边，呈坠落状。

⑨〔缃绮（xiāng qǐ）〕有花纹的浅黄色的丝织品。

第一单元

⑩〔襦(rú)〕短袄。

⑪〔捋(lǚ)〕用手顺着抚摩。

⑫〔髭(zī)〕口上边的胡子。

⑬〔鬚(xū)〕面颊下的胡子。

⑭〔帩(qiào)头〕帩头,古代男子束发的头巾。

⑮〔使君〕汉代对太守、刺史的通称。

⑯〔姝(shū)〕美丽的女子。

⑰〔谢〕这里是"请问"的意思。

⑱〔不〕通假字,通"否",读"否"音。

⑲〔居上头〕在行列的前端。意思是地位高,受人尊重。

⑳〔鹿卢剑〕即宝剑,剑把用丝绦缠绕起来,像鹿卢的样子。荆轲刺秦王时秦王佩的就是鹿卢剑。鹿卢,即辘轳,井上汲水的滑轮。

㉑〔侍中郎〕出入宫禁的侍卫官。

㉒〔鬑(lián)鬑〕略有一些疏而长的美须。

㉓〔盈盈〕仪态端庄美好。

㉔〔冉(rǎn)冉〕走路缓慢。

赏析

《陌上桑》是汉乐府民歌中著名的叙事诗之一。叙述采桑女罗敷不畏强权,机智拒绝太守调戏的故事。

全诗分为三个部分。第一部分着重描写罗敷的美貌和人们对她的喜爱。开篇介绍主人公罗敷的出场,作者铺张地描写了罗敷所用的桑篮和服饰的精美。写器具的华美香洁,是为了衬托人物的高贵美好;写服饰的精美,其实也是在写人的美,即以衣写人。接下来,运用侧面描写,借周围的人为罗敷的美所吸引的神态继续表现她的美。过路的人见了罗敷,停下脚步,放下担子,伫立凝视,他捋着胡须,颔首微笑着发出会心的赞叹。年轻人见了罗敷,心旌摇荡,脱下帽子整理着头巾,像是在卖弄,又像是在逗引。农人看见罗敷,都忘记了干活。更有人回家后对老婆故意找茬,有的发怒，有的埋怨，嫌老婆长得丑，都是因为看见了罗敷。侧面描写手法的运用表达了罗敷不可描摹的美。这一部分的描写诙谐夸张，增加了诗歌的戏剧性。作者从虚处落笔，读者也只能任由自己想象，由此罗敷无以复加的美也就在读者心中形成了。这一节描写是中国文学史上写人之美的绝妙之笔、经典之笔。

第二部分写的是使君觊觎罗敷的美貌，并提出无理要求，邀请罗敷上车与之同行，罗敷断然拒绝，并用嘲讽的语气抗恶拒诱，通过使君这个反面形象反衬出罗敷刚洁端正的品格。特别是罗敷义正词严、大方得体而对使君又有些许嘲弄的回答，展现出她充满自信、机智聪慧的性格特征。

第三部分写罗敷夸夫。她的这一行为，完全是有针对性的。先夸丈夫的威势；再夸丈夫的权位；最后夸丈夫的相貌风采。用丈夫的相貌俊朗、气度不凡来反衬使君的猥琐丑陋。

这首诗运用了环境描写、外貌描写、人物对话、侧面烘托等写作手法，刻画了罗敷这一年轻、美丽、坚贞、纯洁、机智、勇敢的女性形象。

行行重行行

行行重[①]行行，与君生别离[②]。
相去[③]万余里，各在天一涯[④]。
道路阻[⑤]且长，会面安可知。
胡马[⑥]依北风，越鸟[⑦]巢南枝。
相去日已远，衣带日已缓[⑧]。
浮云蔽白日，游子不顾反。
思君令人老[⑨]，岁月忽已晚[⑩]。
弃捐[⑪]勿复道，努力加餐饭。

注释：

①〔重(chóng)〕又。这句是说行而不止。

②〔生别离〕是“生离死别”的意思，出自屈原《九歌·少司命》：“悲莫悲兮生别离。”

③〔相去〕相距，相离。

④〔天一涯〕天各一方。

⑤〔阻〕艰险。

⑥〔胡马〕北方所产的马。这句说，胡马南来后仍依恋北风。

⑦〔越鸟〕南方的鸟。这句说越鸟北飞后仍筑巢于南向的树枝。“胡马依北风，越鸟巢南枝”是说禽兽也不忘故乡。暗示物尚有情，何况于人。

⑧〔缓〕宽松。

⑨〔老〕衰老。

⑩〔晚〕岁月已晚，暗喻青春易逝。

⑪〔弃捐〕抛弃。

赏析

《行行重行行》选自《古诗十九首》，全诗表达了一名女子对远在千里之外丈夫的深深思念之情。

这首诗可分为前后两部分。第一部分，主要写两人距离之远，相见之难。第二部分，主要描写主人公的相思之苦，想念之情。整首诗用语自然朴素，通俗易懂，层次分明，形象生动，层层深入地将主人公无法遏制的思念之情淋漓地宣泄出来，读之使人为女主人公真挚痛苦的爱情呼唤而感动。

诗的开头叠用四个“行”字，表达其行走之远，兼有分离久远之意。用复沓的声调、迟缓的节奏、疲惫的步伐，给人以沉重的压抑感，使痛苦伤感的氛围，笼罩全诗。其中，“行行”表达路程之远，“重行行”加重渲染路程之远。诗中的“君”，指的是女主人公的丈夫，即远行未归的夫君。“胡马依北风，越鸟巢南枝”这两句采用比兴手法，表面上说物尚有情，在过渡的同时也暗指思妇对远行君子深婉的恋情和热烈的相思。“浮云蔽白日”这一句则以"浮云""白日"为喻，猜测游子的境况，把担忧而又悲苦的心情刻画得委婉含蓄。

蒙学经典——《弟子规》

《弟子规》原名《训蒙文》，为清朝康熙年间秀才李毓秀所作。其内容安排根据《论语·学而》第六条："弟子入则孝，出则弟，谨而信，泛爱众，而亲仁。行有余力，则以学文。"全文采用三字一句、两句一韵的形式编纂而成，分为七个部分加以讲述，具体列举出为人子弟在家、外出、待人、接物、求学应有的礼仪与规范。后经乾隆时贾存仁修订改编，改名为《弟子规》。

总　叙

弟子规　圣人训　首孝弟　次谨信

泛爱众　而亲仁　有余力　则学文

【释文】"弟子"指学生，"规"即规范。《弟子规》这本书，是依据至圣先师孔子的教诲而编成的生活规范（它规定了学生主修的六门课和辅修的一门课）。首先，在日常生活中，要做到孝顺父母，友爱兄弟姐妹。其次，在言语行为中，要小心谨慎，要讲信用。和他人相处时要平等博爱，并且要亲近有仁德的人，向他学习，这些都是很重要且非做不可的事。如果做了之后，还有多余的时间精力，就应该好好地学习"六艺"等其他有益的学问。

第一章　入则孝

《弟子规》"入则孝"是学生主修的第一门课。"入"是在家，"孝"是善待父母，就是在家要善待父母。善待，一个是心，一个是待。"心"即心里面念念不忘父母对我们的养育之恩,“待”即事事都要照顾到父母。自古以来,“孝”一直是做人的根本,百善孝当先。

父母呼　应勿缓　父母命　行勿懒
父母教　须敬听　父母责　须顺承

【释文】父母叫你的时候,要立刻答应,不能迟缓;父母让你做事的时候,要马上去做,不能拖延偷懒。对父母的教诲,要恭敬地聆听;对父母的责备,要顺从地接受。

冬则温　夏则凊　晨则省　昏则定
出必告　反必面　居有常　业无变

【释文】子女照料父母,冬天要让他们温暖,夏天要让他们清爽凉快;早晨要向父母请安,晚上要替他们铺好被子,伺候父母安眠。出门要告诉父母一声,回来也要通报一声,以免父母挂念;平时居住的地方要固定,选定的职业或立定的志向要努力去完成,不要轻易改变。

事虽小　勿擅为　苟擅为　子道亏
物虽小　勿私藏　苟私藏　亲心伤

【释文】不要因为事情小,就不禀告父母而擅自去做;假如自作主张地去做,那就不合乎为人子女的道理了。东西即使很小,也不要偷偷私藏起来;否则,一旦被发现,父母一定会非常伤心生气。

亲所好　力为具　亲所恶　谨为去
身有伤　贻亲忧　德有伤　贻亲羞
亲爱我　孝何难　亲恶我　孝方贤

亲有过　谏使更　怡吾色　柔吾声
谏不入　悦复谏　号泣随　挞无怨

【释文】父母所喜好的东西，应该尽力去备办(包括好的品德)；父母所厌恶的事物，要小心谨慎地去除(包括自己的坏习惯)。要爱护自己的身体，不要使身体轻易受到伤害，让父母忧虑；要注重自己的品德修养，不可以做出伤风败德的事，使父母蒙受耻辱。当父母喜爱我们的时候，孝顺是很容易的事；当父母不喜欢我们，或者管教过于严厉的时候，我们要一样孝顺父母，而且还能够自己反省检点，体会父母的心意，努力改过并且做得更好，这种孝顺的行为最难能可贵。父母有过错的时候，应小心劝导改过向善；劝导时，态度要诚恳，声音必须柔和，并且和颜悦色。如果父母不听规劝，要耐心等待，一有适当时机，例如父母情绪好转或是高兴的时候，再继续劝导；如果父母仍然不接受，甚至生气，此时我们虽难过得痛哭流涕，也要恳求父母改过，纵然遭遇到责打，也无怨无悔，以免陷父母于不义，使父母一错再错，铸成大错。

亲有疾　药先尝　昼夜侍　不离床
丧三年　常悲咽　居处变　酒肉绝
丧尽礼　祭尽诚　事死者　如事生

【释文】父母病了，吃的药自己要先尝一尝，看看是不是太苦、太烫；并且应日夜侍奉在他们的身边，不能离开一步。父母去世后，要守丧三年，有孝心的，提起父母会难过哭泣，哀思父母养育之恩；同时，居所要力求简朴，禁绝酒肉、情欲等事。丧事要完全按照礼法去办，祭祀要完全出于诚心；对待去世的父母，要如同他们在世时一样恭敬。

第二章　出则弟

《弟子规》中的“出则弟”是学生主修的第二门课。“出”是指出了家门在社会中，“弟”通“悌”，指友爱兄弟姐妹。这部分讲的是兄弟姊妹相处之道，以及如何和长辈在一起的规矩。

兄道友　弟道恭　兄弟睦　孝在中
财物轻　怨何生　言语忍　忿自泯

【释文】当哥哥姐姐的要友爱弟弟妹妹，做弟弟妹妹的要懂得恭敬兄姊；兄弟姊妹能和睦相处，一家人和乐融融，父母自然欢喜，孝道就在其中了。与人相处不要斤斤计较财物，怨恨就无从生起；言语能够包容忍让，多说好话，不说坏话，忍住气话，不必要的冲突、怨恨的事情自然消失。

或饮食　或坐走　长者先　幼者后
长呼人　即代叫　人不在　己即到

【释文】良好的生活教育，要从小培养，不论用餐就座或行走，都应该谦虚礼让；长幼有序，年长者优先，年幼者在后。长辈有事呼唤人，应代为传唤；如果那个人不在，自己应该主动去询问是什么事，可以帮忙就帮忙，不能帮忙时则代为转告。

称尊长　勿呼名　对尊长　勿见能
路遇长　疾趋揖　长无言　退恭立
骑下马　乘下车　过犹待　百步余

【释文】称呼长辈，不可以直呼姓名；在长辈面前，要谦虚有礼，不可以炫耀自己的才能。路上遇见长辈，应向前问好；长辈没有事情吩咐时，即恭敬地退后站立一旁，等待长辈先离去。不论骑马或乘车，路上遇见长辈均应下马或下车问候；并等到长者离去稍远，约百步之后，才可以离开。

长者立　幼勿坐　长者坐　命乃坐

尊长前　声要低　低不闻　却非宜

进必趋　退必迟　问起对　视勿移

事诸父　如事父　事诸兄　如事兄

【释文】假如长辈站着，晚辈就不可以坐下；长辈坐下以后，让你坐时，你才可以坐下。在尊长面前，说话声音要低一些；但若低到尊长听不清楚的程度，那也是不适宜的。见到尊长时，要快步走上前去，告退时，要缓慢退出；长辈问话的时候，要站起来回答，眼睛看着长辈，不要东张西望。对待自己的叔叔伯伯和他人的父辈时，应像对待自己的父亲一样；对待堂兄表兄和他人的兄长时，也应像对待自己的兄长一样。

第三章　谨

《弟子规》中的“谨”是学生主修的第三门课。“谨”是指行为上要谨慎，不可以放纵。

朝起早　夜眠迟　老易至　惜此时

晨必盥　兼漱口　便溺回　辄净手

【释文】早上要早点起床，晚上别很早就睡觉；因为时光宝贵，转瞬即逝，应当好好珍惜和努力。早晨起床后，务必洗脸、刷牙、漱口，使精神清爽，一天有一个好的开始；大小便后，一定要洗手，养成良好的卫生习惯，才能确保健康。

冠必正　纽必结　袜与履　俱紧切

置冠服　有定位　勿乱顿　致污秽

衣贵洁　不贵华　上循分　下称家

对饮食　勿拣择　食适可　勿过则
年方少　勿饮酒　饮酒醉　最为丑

【释文】要注重服装仪容的整齐清洁，戴帽子要戴端正，衣服扣子要扣好；袜子要穿平整，鞋带应系紧，否则容易被绊倒，一切穿着以稳重端庄为宜。回家后，衣、帽、鞋、袜都要放置固定位置；避免造成脏乱，要用的时候又要找半天。穿衣服需注重整洁，不必讲究昂贵、名牌、华丽；穿着应考量自己的身份及场合，更要衡量家中的经济状况。日常饮食要注意营养均衡，多吃蔬菜水果，不要挑食，更不可以偏食；三餐常吃八分饱，避免过量，以免增加身体的负担，危害健康。

步从容　立端正　揖深圆　拜恭敬
勿践阈　勿跛倚　勿箕踞　勿摇髀

【释文】饮酒有害健康，未成年人不可以饮酒，成年人饮酒也不要过量；试看醉汉疯言疯语，丑态毕露，惹出多少是非？走路时，步伐应当从容稳重，不慌不忙，不急不缓。站立时，要端正有站相，须抬头挺胸，精神饱满，不可以弯腰驼背，垂头丧气。问候他人时，不论鞠躬或拱手都要真诚恭敬，不能敷衍了事。进门时，脚不要踩在门槛上，站立时，身体也不要站得歪歪斜斜的，坐的时候不可以伸出两腿，腿更不可以抖动，这些都是很轻浮、很傲慢的举动，有失君子风范。

缓揭帘　勿有声　宽转弯　勿触棱
执虚器　如执盈　入虚室　如有人

【释文】进入房间时，不论揭帘子还是开门的动作都要轻一点、慢一些，避免发出声响；在室内行走或转弯时，应小心不要撞到物品的棱角，以免受伤。拿东西时要注意，即使是拿着空的器具，也要像里面装满东西一样，小心谨慎以防跌倒或打破；进入无人的房间，也要像有人在一样。做事不要慌慌张张，因为匆忙容易出错；不要畏苦怕难而犹豫退缩，也不可以随便应付了事。

事勿忙　忙多错　勿畏难　勿轻略
斗闹场　绝勿近　邪僻事　绝勿问

将入门　问孰存　将上堂　声必扬
人问谁　对以名　吾与我　不分明

【释文】凡是打架嬉闹的场合，一定要远离而不去接近；凡是不正当、不合情理的事情，一定要远离而不去过问。准备进入别人家门时，应该先敲门，问一声“有人在吗？”待主人允许后才能进入。将要走进厅堂时，声音要提高一些，以便让里面的人知道。当里面的人问是谁时，要将自己的姓名告诉对方；如果只回答“是我”，那对方就弄不清楚你是谁了。

用人物　须明求　倘不问　即为偷
借人物　及时还　后有急　借不难

【释文】想要使用别人的东西时，必须当面向人家提出请求，征得别人同意；假如不问一声就拿走，这就是偷盗。借别人的东西，要在约定的时间内归还；以后再有急用的时候，再向别人借就不会有困难。

第四章　信

《弟子规》中的“信”是学生主修的第四门课。“信”是指言语上要言而有信，信用是踏上成功阶梯的第一步。人无信则不立。

凡出言　信为先　诈与妄　奚可焉
话说多　不如少　惟其是　勿佞巧
奸巧语　秽污词　市井气　切戒之

【释文】开口说话，诚信为先，答应他人的事情，一定要遵守承诺，没有能力做到的事不能随便答应；至于欺骗或花言巧语，更不能使用。话多不如话少，话少不如话好。说话要恰到好处，该说的就说，不该说的绝对不说，立身处世应该谨言慎行，谈话内容要实事求是，花言巧语好听却靠不住。奸诈取巧的语言，下流肮脏的话，以及街头无赖粗俗的口气，都要避免，不要去沾染。

见未真　勿轻言　知未的　勿轻传
事非宜　勿轻诺　苟轻诺　进退错
凡道字　重且舒　勿急疾　勿模糊
彼说长　此说短　不关己　莫闲管

【释文】任何事情在没有看到真相之前，不要轻易发表意见；对事情了解得不够清楚明白时，不可以随意传播，以免造成不良后果（谣言止于智者，不要被他人所利用）。不合义理的事，不要轻易答应；如果轻易允诺，会造成做也不是、不做也不好的局面，使自己进退两难。讲话时要口齿清晰，咬字清楚，慢慢讲，不要太快，更不要模糊不清。遇到他人说是非，听听就算了，要用智慧做判断，不要受影响，更不要介入是非，事不关己不必多管。

见人善　即思齐　纵去远　以渐跻
见人恶　即内省　有则改　无加警

【释文】看到了别人的善行，就要想到自己也应该努力去做到；即使和他差距很远，只要肯努力，也能渐渐赶上他。看到了别人的恶行，要立刻反省自己；如果发现自己也有，就要马上改正，即使没有，也要引起警惕，防止自己犯同样的过错。

唯德学　唯才艺　不如人　当自砺

若衣服　若饮食　不如人　勿生戚

闻过怒　闻誉乐　损友来　益友却

闻誉恐　闻过欣　直谅士　渐相亲

【释文】做人最要紧的是自己的道德、学问、才能和技艺，这些方面不如人家，就要不断勉励自己，尽力赶上。如果吃的、穿的不如人家，用不着忧愁悲伤，这不是什么不光彩的事，因为做人最重要的是品德和修养。听到别人说自己的过错就生气，听到别人称赞恭维自己就高兴，那么，有损德行的朋友就会来与你接近，对你有益的朋友就会和你远离；听到别人赞美自己就感到惶恐不安，听到别人指出自己的过错就欢喜接受，经常这样做，那些正直诚实的人，就会逐渐与你亲近起来。

无心非　名为错　有心非　名为恶

过能改　归于无　倘掩饰　增一辜

【释文】如果是无意中做了错事，这就叫“错”；如果是故意去做的，那就叫“恶”。有了过错，要勇于面对，并彻底改正过来，以后错事就会越来越少；如果不肯承认，还要极力掩饰，那就是错上加错了。

第五章　泛爱众

《弟子规》中的“泛爱众”是学生主修的第五门课。“泛爱”即博爱，就是与朋友在一起相处，要平等博爱。爱人者，人恒爱之。

凡是人　皆须爱　天同覆　地同载
行高者　名自高　人所重　非貌高
才大者　望自大　人所服　非言大

【释文】不论是什么人，我们都要互相关心、爱护和尊敬；因为我们共同生活在同一片蓝天下，同一块土地上。一个行为高尚的人，名声自然会高；因为人们敬重的是一个人的品行，而不是看他是否有一副好的相貌。一个才学丰富的人，名望自然会大；因为人们所佩服的，是有真才实学的人，而不是自吹自擂的人。

己有能　勿自私　人所能　勿轻訾
勿谄富　勿骄贫　勿厌故　勿喜新

【释文】自己有才能，不要只想着为自己谋私利，也应当做些对社会大众有益的事；别人有才能，不要心生嫉妒，随便轻视、毁谤。不要谄媚巴结富有的人，也不要对穷人傲慢无礼；不要厌弃过去的朋友，也不要只喜欢新结交的朋友。

人不闲　勿事搅　人不安　勿话扰
人有短　切莫揭　人有私　切莫说
道人善　即是善　人知之　愈思勉
扬人恶　即是恶　疾之甚　祸且作

【释文】当别人正忙着时，不要因自己有事而去打搅；当别人身心不安时，不要跟人家说话而去打扰他。别人有短处，千万不要到处宣扬；别人有隐私，绝对不能说出去。称赞别人的善行，本身就是一种美德；因为别人知道后，就会因此受到勉励而更加努力地去行善。宣扬别人的恶行，本身就是一种恶行；如果由于过分的厌恶痛恨而一味地去宣扬，就会给自己招来祸害。

善相劝　德皆建　过不规　道两亏
凡取与　贵分晓　与宜多　取宜少
将加人　先问己　己不欲　即速已
恩欲报　怨欲忘　报怨短　报恩长

【释文】朋友之间互相规过劝善，则彼此都能成就良好的德行；如果有错不能互相规劝，两个人在道德上就都会有缺陷。拿人家东西和给人家东西，特别要分得清清楚楚；给人家的东西要多一点，拿人家的东西要少一点，这是人情来往的道理。想让别人做一件事，首先要问一问自己愿不愿意做；如果自己都不愿意去做，那就不要让别人去做。受人恩惠，要感恩在心、常记不忘，并时时想着报答；别人有对不起自己的事，过去就算了，不要老放在心上，应该宽大为怀，尽快把它忘掉。

待婢仆　身贵端　虽贵端　慈而宽
势服人　心不然　理服人　方无言

【释文】对待家里的佣人，最重要的是自身品行要端正；不过品行端正固然重要，对人还要仁慈宽厚。用权势去压服别人，别人就会口服而心不服；用道理去说服别人，别人才会无话可说。

第六章　亲仁

《弟子规》中的"亲仁"是学生主修的第六门课。"亲"是亲近，"仁"是"仁者"，指有道德、有学问的人。"亲仁"就是要亲近仁者。

同是人　类不齐　流俗众　仁者希
果仁者　人多畏　言不讳　色不媚
能亲仁　无限好　德日进　过日少
不亲仁　无限害　小人进　百事坏

【释文】同样在世为人，品行高低各不相同；跟着潮流走的普通俗人很多，而有仁德的人却很稀少。真正品行高尚的人，人们都心存敬畏；因为仁者说话时直言不讳，也不阿谀奉承。能够亲近品德高尚的仁者，就会得到无限的好处；与仁者亲近，德行就会一天比一天增进，而过错就会一天比一天减少。不亲近品德高尚的仁者，就会有无限的害处；这样一来小人就会乘机接近你，很多事情都因此而不能成就。

第七章　余力学文

《弟子规》中的“余力学文”，就是除了以上六门主修的课以外，如果还有多余的时间精力，就要好好地学习六艺等其他有益的学问。这是辅修的课。

不力行　但学文　长浮华　成何人
但力行　不学文　任己见　昧理真

【释文】不能身体力行“孝、悌、谨、信、泛爱众、亲仁”这些本分，一味死读书，纵然有些知识，也只是增长自己浮华不实的习气，变成一个不切实际的人，如此读书又有何用。反之，如果只是一味地做，不肯读书学习，就容易依着自己的偏见做事，蒙蔽了真理，也是不对的。

读书法　有三到　心眼口　信皆要
方读此　勿慕彼　此未终　彼勿起
宽为限　紧用功　工夫到　滞塞通
心有疑　随札记　就人问　求确义

【释文】读书的方法要注重三到：眼到、口到、心到。三者缺一不可，如此方能收到事半功倍的效果。研究学问，要专一，要专精，才能深入，不能这本书才开始读没多久，又欣羡其他的书，想看其他的书，这样永远也定不下心，必须把这本书读完，才能读另外一本。在制订读书计划的时候，不妨宽松一些，实际执行时，就要加紧用功，严格执行，不可以懈怠偷懒，日积月累功夫深了，原先窒碍不通、困顿疑惑之处自然而然都迎刃而解了。看书时如果有疑问，就要随手记下来，然后向别人请教到底是什么意思，这样才能读懂这本书。

房室清　墙壁净　几案洁　笔砚正
墨磨偏　心不端　字不敬　心先病
列典籍　有定处　读看毕　还原处
虽有急　卷束齐　有缺坏　就补之

【释文】书房要整理清洁，墙壁要保持干净，读书时，书桌上笔墨纸砚等文具要放置整齐，不得凌乱，触目所及皆是井井有条，才能静下心来读书。古人写字使用毛笔，写字前先要磨墨，如果心不在焉，墨就会磨偏；如果浮躁不安，心定不下来，写出来的字就歪歪斜斜。书籍课本应分类，排列整齐，放在固定的位置，读诵完毕须归还原处。虽有急事，也要把书本收好再离开，书本是智慧的结晶，有缺损就要修补，保持完整。

非圣书　屏勿视　蔽聪明　坏心志
勿自暴　勿自弃　圣与贤　可驯致

【释文】不是传述圣贤言行的著作，还有那些有害身心健康的不良书刊，都应该摒弃不看，以免身心受到污染，智慧遭受蒙蔽，心志变得不健康。遇到困难或挫折的时候，不要自暴自弃，也不必愤世嫉俗，看什么都不顺眼，应该奋发向上，努力学习，圣贤境界虽高，如果循序渐进，也不是不可以达到的。

第二单元

魏晋南北朝

短歌行

曹　操

对酒当歌，人生几何？譬如朝露，去日①苦多。
慨当以慷②，忧思难忘。何以解忧？唯有杜康③。
青青子衿，悠悠我心④。但为君故，沉吟⑤至今。
呦呦鹿鸣，食野之苹。我有嘉宾，鼓瑟吹笙⑥。
明明如月，何时可掇⑦？忧从中来，不可断绝。
越陌度阡，枉用相存⑧。契阔谈讌⑨，心念旧恩⑩。
月明星稀，乌鹊南飞。绕树三匝⑪，何枝可依？
山不厌高，海不厌深⑫。周公吐哺，天下归心⑬。

注释：

①〔去日〕过去的日子。

②〔慨当以慷〕意即慷慨，指宴会上的歌声激昂慷慨。

③〔杜康〕传说中发明酿酒的人，此处指酒。

④〔青青子衿，悠悠我心〕出自《诗经·郑风·子衿》，此处借以表达对贤才的渴求。衿，即襟，衣领。青衿，周代学子的服装，这里借指有才能的贤人。悠悠，形容思念之情连绵不断。

⑤〔沉吟〕沉思吟味。

⑥〔呦呦鹿鸣，食野之苹。我有嘉宾，鼓瑟(sè)吹笙(shēng)〕出自《诗经·小雅·鹿鸣》，该篇为宴飨宾客的诗，这里援引此节借以表达自己礼遇贤才的态度。呦呦，鹿的鸣叫声。苹，青蒿。瑟、笙，均为古代乐器。

⑦〔明明如月，何时可掇〕形容人才难得。明明，明亮。掇，摘取。意谓人才如天上的明月，可望而不可得。

⑧〔越陌度阡，枉用相存〕意谓客人远道来访，劳驾问候。陌、阡均指田间的道路，东西方向谓陌，南北方向谓阡。枉，屈驾、劳驾。用，以。存，问候。

⑨〔契阔谈讌〕指久别重逢的朋友一起宴饮交谈。契(qì)，投合。阔，长久。

⑩〔旧恩〕旧日的情谊。

⑪〔三匝〕指多圈。匝，周围。

⑫〔山不厌高，海不厌深〕以山水为喻，意谓自己广纳天下贤才，来者不拒。

⑬〔周公吐哺，天下归心〕诗人借周公典故表明自己也要像周公一样，礼遇天下贤才。归心，民心归附。

赏析

《短歌行》为乐府旧题，内容多感叹人生短暂、时光易逝。这首《短歌行》可分为四个层次，几乎全以诗人“我”为主体直抒胸臆。

第一层次：面对美酒伴以高歌，慨叹人生像早晨的露水一样短暂，过去的日子有许多苦难和遗憾。歌声慷慨，忧愁的思绪在心中盘桓，只有借酒浇愁。酒宴看似欢乐狂纵，但“酒”也引起了我心中的愁绪和忧思，然而英雄之“忧”是建立在“慷慨之思”基础上的，所以并不是消极的，而是奋起中的激愤之忧。

第二层次：穿着青领衣服的学子，是我久久思念的对象。你们这些贤才，让我至今念念不忘。呦呦叫着的鹿，召唤同伴共吃野草。我如果得到你们这样的嘉宾，定会鼓瑟吹笙相待。“青青子衿”和“呦呦鹿鸣”句都是引用《诗经》成句，化陈出新，表达出希望贤才主动来归和自己一定以礼相待的诚意。联系上一层次，真正能“解忧”的其实不是“杜康”，而是曹操心心念念的“子衿”与“嘉宾”。

第三层次：贤才难得，如天上明月不可摘。想到这里，我从内心喷涌而出的忧愁，没有断绝的时候。你穿过田野小路，屈驾来访。情投意合的好友久别重逢，一起宴饮谈心，旧日的情谊难忘。诗人把自己的“忧”与永恒的“月”相提并论，突出了这份“忧”的绵延深长。

第四层次：明月当空，星光数点，乌鹊飞向南方。它们绕着树飞了好多圈，哪一条树枝可供它们栖息呢？山永不嫌高，海永不嫌深，贤才也是多多益善。我要学周公吐哺那样礼贤下士，让天下人的心都同归于我。由“月”“星”“乌鹊”“树”等意象组成的深远意境，既是实写，又有比喻的深意，贴合天下贤士选择依附哪个明主时的复杂心态：天下纷乱，何去何从呢？诗人设身处地地站在贤士的立场，说出了他们的心声，然后坚定地宣告自己求贤若渴的心境和以德服天下的志向，并以周公自喻。

这首诗层次分明，跌宕回环，引用与化典浑然天成。全篇直抒胸臆，紧扣“忧”字，又以慷慨之气灌注，求贤的诚意跃然纸上，既有抒情又有言志。它风格独特，借用了汉乐府的曲调，运用了《诗经》的四言形式，而形成的却是建安诗坛惯有的慷慨悲凉的格调，产生震撼人心的巨大力量。

咏怀诗(其一)

阮　籍

夜中不能寐，起坐弹鸣琴[①]。
薄帷鉴明月[②]，清风吹我襟。

孤鸿[3]号[4]外野，翔鸟[5]鸣北林[6]。

徘徊将何见？忧思独伤心。

注释：

①〔夜中不能寐，起坐弹鸣琴〕此二句化用王粲《七哀诗》（其二）诗句："独夜不能寐，摄衣起抚琴。"意思是因为忧伤，到了半夜还不能入睡，就起来弹琴。夜中，中夜、半夜。

②〔薄帷鉴明月〕明亮的月光透过薄薄的帐幔照了进来。薄帷，薄薄的帐幔。鉴，照。

③〔孤鸿〕失群的大雁。

④〔号〕鸣叫、哀号。

⑤〔翔鸟〕飞翔盘旋着的鸟。

⑥〔北林〕出自《诗经·秦风·晨风》："鴥（yù）彼晨风，郁彼北林。未见君子，忧心钦钦。如何如何，忘我实多！"后人往往用"北林"一词表示忧伤。

赏析

该诗表现了诗人生活在黑暗现实中的内心苦闷，反映了诗人看不见希望和出路的忧思。诗中以"明月""清风""孤鸿""翔鸟"等意象，映衬了诗人不寐而弹琴的孤影，写出了诗人在长夜的"徘徊""忧思"。

究竟是什么使诗人忧愁伤心、夜不能寐，诗中并没有明白说出，只是通过月下弹琴之人坐卧不安的举动，还有他所处的孤独凄凉的环境，使读者感到这个人的内心充满了痛苦。这种表现方法，是由于诗人身处魏晋易代之际，眼看着统治集团内部残酷的政治斗争，使许多仁人志士受到牵连或遭到杀害，弄得朝野上下忧心忡忡，惶惶不可终日。为此，诗人感到极其苦闷、彷徨、不满，但是又不敢明白地表露自己的内心感受，因此在诗歌中采用了比兴、寄托、象征的写作手法，使诗中的形象含蓄隽永、耐人寻味。

饮酒（其五）

陶渊明

结庐[1]在人境，而无车马喧。
问君何能尔[2]？心远地自偏[3]。
采菊东篱下，悠然见南山[4]。
山气日夕[5]佳，飞鸟相与还[6]。
此中有真意，欲辨已忘言[7]。

注释：

①〔结庐〕建造住宅。

②〔尔〕如此。

③〔心远地自偏〕意谓只要心志高远脱俗，便觉得居住的地方远离尘世。偏，偏远。

④〔南山〕此处指庐山。

⑤〔日夕〕黄昏。

⑥〔相与还〕结伴而归。

⑦〔忘言〕《庄子·齐物论》云"大辩不言"，《庄子·外物》云"言者所以在意也，得意而忘言"。这里指诗人从眼前之景中受到启发，领悟到人生真谛，却又难以言喻。

赏析

这首诗为陶诗《饮酒》组诗中的第五首，诗中既写了诗人拥抱自然、悠然自得的情，也写了幽美淡远、旷洁朴素的景，在情景交融的境界中，含蓄着万物各得其所、人与自然相与为一的哲理，表达了诗人厌倦官场腐败，归隐田园、超脱世俗的追求和思想感情。

“采菊东篱下，悠然见南山”是陶渊明最有名的诗句之一，一提到他的诗，人们脑海中便马上浮现这两句诗。细细品读，这两句诗确实有种难以言传的神韵，像是从诗人胸臆中自然流出的未假思索的诗句，但是又是那样准确，那样富有表现力。比如，“悠然见南山”的“见”字，宋朝大诗人苏轼说，如果改为“望”字，则“一篇神气索然也”。因为“见”字描绘的是诗人无意中看到的情景。诗人在东篱下悠然自得地信手采菊，一抬头，不期然间看到了南山的景象，甚至沉醉在南山优美的景色之中，如果改成“望南山”，变成了诗人在那里翘首张望，有所寻求，这就和诗人的本意大相径庭了，而原来的那种怡然自得的诗意也就荡然无存了。

“此中有真意，欲辨已忘言。”是对全诗的总结，在这里可以领悟到生命的真谛，可是想要把它说出来，却已经找不到合适的语言来表达。实际的意思，是说人与自然的和谐，根本上是生命的感受，逻辑的语言不足以表现它的微妙与整体性。

陶渊明的这首诗，写茅庐，写东篱，写南山，写菊花，写山气，写归鸟，写得那样富有情趣，诗意盎然，好像陶渊明真的生活在世外桃源之中，不食人间烟火了。因此，人们往往从这首诗中得到一种飘飘欲仙的感觉，其实这是一种误解。事实上，正如前边提到的，陶渊明描写这种自然乐趣，抒发这种恬淡心情，是在“车马喧”的社会背景的强烈对照之下进行的，因而也就有了一定的现实意义。他正是鄙视那种“车马喧”的官场，才追求“采菊东篱下”的意趣的。这里有明显的反其道而行之的意思。从这个意义上说，陶渊明的归隐是积极的，是对封建统治者的一种反抗。

西洲曲

忆梅[①]下西洲，折梅寄江北[②]。

单衫杏子红，双鬓鸦雏色[③]。

西洲在何处？两桨桥头渡。
日暮伯劳[④]飞，风吹乌臼树[⑤]。
树下即门前，门中露翠钿[⑥]。
开门郎不至，出门采红莲。
采莲南塘秋，莲花过人头。
低头弄莲子[⑦]，莲子清如水。
置莲怀袖中，莲心[⑧]彻底红。
忆郎郎不至，仰首望飞鸿[⑨]。
鸿飞满西洲，望郎上青楼[⑩]。
楼高望不见，尽日[⑪]栏杆头。
栏杆十二曲，垂手明如玉。
卷帘天自高，海水摇空绿。
海水梦悠悠，君愁我亦愁。
南风知我意，吹梦到西洲。

注释：

①〔梅〕既实指梅花，又与“媒”谐音。

②〔江北〕这里指男子住处。

③〔鸦雏色〕像小乌鸦一样的颜色。形容女子的头发乌黑发亮。

④〔伯劳〕鸟名，仲夏始鸣，好单栖。

⑤〔乌臼树〕树名，落叶乔木，高约两丈，夏月开花，种子多油脂，可制肥皂及蜡烛等。

⑥〔翠钿〕用翠玉镶嵌的首饰。

⑦〔莲子〕谐音“怜子”，意即“爱你”。

⑧〔莲心〕谐音“怜心”，意即“爱怜之心”。

⑨〔望飞鸿〕双关语，有盼望对方书信之意，因古代有鸿雁传书之说。

⑩〔青楼〕以青色涂饰之楼，为古代女子居处的通称。

⑪〔尽日〕终日。

赏析

《西洲曲》是南朝乐府诗中最长的抒情诗篇，历来被视为南朝乐府诗的代表作。作品描写了一位少女对钟爱之人的执着相思，这相思穿越季节变换，冲破现实梦境，缠绵婉转。加上全诗的语言毫不晦涩难懂，使得作品更显清新、细腻而质朴。

诗中，少女的相思全然托“梅”托“莲”娓娓道来。采香花送异性，是我国古代传统中表达爱情与思慕的方式之一。折梅寄远，无疑表达了少女的思念之情。“莲”即“怜”，这一层语义双关，为“莲花”“莲子”“莲心”都赋予了情感。“莲子清如水”是说对心上人的爱慕之心纯洁如清水，“莲心彻底红”是说爱怜的心红得透彻，极为热烈。作品借这一“梅”一“莲”吐相思真情，委婉而耐人寻味。

再说这相思是如何穿越了季节的变换？早春时节可“折梅”，春夏之交穿“单衫”，仲夏之时“伯劳飞”，于初秋“采红莲”，值仲秋“弄莲子”，到深秋“望飞鸿”。诗人未着一字写季节，却将少女一年四季的相思展露无遗，这不得不说又是一处极巧妙的笔法。

我们读这首作品，除了被那清新质朴的语言所描绘的相思感染、感动，更会情不自禁地赞叹它作为南朝乐府诗的代表作，对后世诗歌创作所带来的深远影响。

木兰诗

唧唧[①]复唧唧，木兰当户[②]织。不闻机杼声[③]，惟[④]闻女叹息。

问女何[⑤]所思，问女何所忆[⑥]。女亦无所思，女亦无所忆。昨夜见军帖[⑦]，可汗[⑧]大点兵，军书十二卷[⑨]，卷卷有爷[⑩]名。阿爷无大儿，木兰无长兄，愿为市鞍马[11]，从此替爷征。

东市买骏马，西市买鞍鞯[12]，南市买辔头[13]，北市买长鞭。旦辞爷娘去，暮宿黄河边，不闻爷娘唤女声，但闻[14]黄河流水鸣溅溅[15]。旦辞黄河去，暮至黑山头，不闻爷娘唤女声，但闻燕山胡骑[16]鸣啾啾[17]。

万里赴戎机[18]，关山度若飞[19]。朔气传金柝[20]，寒光照铁衣[21]。将军百战死，壮士十年归。

归来见天子[22]，天子坐明堂[23]。策勋十二转[24]，赏赐百千强[25]。可汗问所欲[26]，木兰不用[27]尚书郎[28]；愿驰千里足[29]，送儿还故乡。

爷娘闻女来，出郭[30]相扶[31]将；阿姊[32]闻妹来，当户理[33]红妆[34]；小弟闻姊来，磨刀霍霍[35]向猪羊。开我东阁门，坐我西阁床。脱我战时袍，著[36]我旧时裳[37]。当窗理云鬓[38]，对镜帖花黄[39]。出门看火伴[40]，火伴皆惊忙；同行十二年，不知木兰是女郎。

雄兔脚扑朔，雌兔眼迷离；双兔傍地走，安能辨我是雄雌[41]？

注释：

①〔唧唧(jī jī)〕纺织机织布的声音。

②〔当户〕对着门。

③〔机杼(zhù)声〕织布机发出的声音。机，指织布机。杼，织布的梭子。

④〔惟〕只。

⑤〔何〕什么。

⑥〔忆〕思念，惦记。同上句“思”。

⑦〔军帖(tiě)〕征兵的文书。

⑧〔可汗(kè hán)〕古代西北地区少数民族对君主的称呼。

⑨〔军书十二卷〕征兵的名册很多卷。十二，表示很多，不是确指。下文的“十二转”“十二年”，用法与此相同。

⑩〔爷〕和下文的“阿爷”一样，都指父亲。

⑪〔愿为市鞍(ān)马〕为，为此。市，买。鞍马，泛指马和马具。

⑫〔鞯(jiān)〕马鞍下的垫子。

⑬〔辔(pèi)头〕驾驭牲口用的嚼子、笼头和缰绳。

⑭〔溅溅(jiān jiān)〕水流激射的声音。

⑮〔但闻〕只听见。

⑯〔胡骑(jì)〕胡人的战马。胡，古代对北方少数民族的称呼。

⑰〔啾啾(jiū jiū)〕马叫的声音。

⑱〔万里赴戎(róng)机〕不远万里，奔赴战场。戎机，指战争。

⑲〔关山度若飞〕像飞一样地跨过一道道的关，越过一座座的山。度，越过。

⑳〔朔气传金柝(tuò)〕北方的寒气传送着打更的声音。朔，北方。金柝，即刁斗，古代军中用的一种铁锅，白天用来做饭，晚上用来报更。

㉑〔寒光照铁衣〕冰冷的月光照在将士们的铠甲上。

㉒〔天子〕即前面所说的“可汗”。

㉓〔明堂〕明亮的厅堂，此处指宫殿。

㉔〔策勋十二转(zhuǎn)〕记很大的功。策勋，记功。转，勋级每升一级叫一转，十二转为最高的勋级。十二转，不是确数，形容功劳极高。

㉕〔赏赐百千强(qiáng)〕赏赐很多的财物。百千，形容数量多。强，有余。

㉖〔问所欲〕问(木兰)想要什么。

㉗〔不用〕不愿意做。

㉘〔尚书郎〕尚书省的官。尚书省是古代朝廷中管理国家政事的机关。

㉙〔愿驰千里足〕希望骑上千里马。

㉚〔郭〕外城。

㉛〔扶〕扶持。

㉜〔姊(zǐ)〕姐姐。

㉝〔理〕梳理。

㉞〔红妆(zhuāng)〕指女子的艳丽装束。

㉟〔霍霍(huò huò)〕磨刀的声音。

㊱〔著(zhuó)〕通假字，通“着”，穿。

㊲〔裳(cháng)〕裙子。

㊳〔云鬓(bìn)〕像云那样的鬓发，形容头发好看。

㊴〔帖(tiē)花黄〕“帖”，通假字，通“贴”。花黄，古代妇女的一种面部装饰物。

㊵〔火伴〕同伍的士兵。当时规定若干士兵同一个灶吃饭，所以称“火伴”。火同“伙”。

㊶〔双兔傍(bàng)地走，安能辨我是雄雌〕两只兔贴着地面跑，怎能辨别哪个是雄兔，哪个是雌兔呢？傍地走，贴着地面并排跑。

赏析

《木兰诗》是我国南北朝时期北方的一首长篇叙事民歌，也是一篇乐府诗。该诗记述了木兰女扮男装，代父从军，征战沙场，凯旋回朝，建功受封，辞官还家的故事，充满传奇色彩。

这首诗塑造了木兰这一不朽的人物形象，既富有传奇色彩，又真切动人。木兰既是奇女子又是普通人，既是巾帼英雄又是平民少女，既是矫健的勇士又是娇美的女儿。她勤劳善良又坚毅勇敢，淳厚质朴又机敏活泼，热爱亲人又报效国家。一千多年来，木兰代父从军的故事在我国家喻户晓，木兰的形象一直深受人们喜爱。

这首诗具有浓郁的民歌特色，全诗以“木兰是女郎”来构思木兰的传奇故事，富有浪漫色彩。本诗详略安排极具匠心，详则用墨如泼，略则惜墨如金，虽然写的是战争题材，但着墨较多的却是生活场景和儿女情态，富有生活气息。诗中以问答来刻画人物心理，生动细致；以众多的铺陈排比来描述行为情态，神气跃然；以风趣的比喻来收束全诗，令人回味。

蒙学经典——《三字经》节选

《三字经》与《百家姓》《千字文》并称为三大国学启蒙读物。

《三字经》是中华民族珍贵的文化遗产，它短小精悍、朗朗上口，千百年来，家喻户晓。其内容涵盖了历史、天文、地理、道德以及民间传说，正所谓“熟读《三字经》，可知千古事”。基于历史原因，《三字经》难免含有一些精神糟粕、艺术瑕疵，但其独特的思想价值和文化魅力仍然为世人所公认，被国人奉为经典并不断流传。它的核心思想包括了“仁、义、诚、敬、孝”。

以下是《三字经》的节选。

人之初　性本善　性相近　习相远

【释文】人生下来的时候都是好的，只是由于成长过程中，后天的学习环境不一样，性情也就有了好与坏的差别。

【启示】人生下来原本都是一样，但从小不好好教育，善良的本性就会变坏。所以，人从小就要好好学习，区分善恶，才能成为一个对社会有用的人才。

苟不教　性乃迁　教之道　贵以专

【释文】如果从小不好好教育，善良的本性就会变坏。为了使人不变坏，最重要的方法就是要专心致志地去教育孩子。

【启示】百年大计，教育为本。教育是头等重要的大事。要想使孩子成为对社会有用的人才，必须时刻注意对孩子专心致志地教育，时时不能放松。

昔孟母　择邻处　子不学　断机杼

【释文】战国时，孟子的母亲曾三次搬家，是为了使孟子有个好的学习环境。有一次孟子逃学，孟母就割断织布机上的布来教育自己的孩子。

【启示】孟子之所以能够成为历史上有名的大学问家，是和他母亲的严格教育分不开的。作为孩子，要理解这种要求是为了使自己成为一个有用的人才。

窦燕山　有义方　教五子　名俱扬

【释文】五代时，燕山人窦禹钧教育儿子很有方法，他教育的五个儿子都很有成就，均科举成名。

【启示】仅仅教育，而没有好的方法也是不行的。好的方法就是严格而有道理。窦燕山教育的五个儿子先后登科及第，声名显赫，光宗耀祖，并且兄弟和睦，孝敬父母。五个儿子能取得这样的成就，是和他的教育方法分不开的。

养不教　父之过　教不严　师之惰

【释文】仅仅是供养儿女吃穿，而不好好教育，是父亲的过错。只是教育，但不严格要求，就是做老师的懒惰了。

【启示】严师出高徒，严格的教育是通往成才之路的必然途径。对孩子的严格要求虽然是做父母和老师的本分，但做子女的也应该理解父母和老师的苦心，才能自觉地严格要求自己。

子不学　非所宜　幼不学　老何为

【释文】小孩子不肯好好学习，是很不应该的。一个人倘若小时候不好好学习，到老的时候既不懂做人的道理，又无知识，能有什么用呢？

【启示】一个人不趁年少时用功学习，长大后总是要后悔的。我们都要记住这样一句话："少壮不努力，老大徒伤悲"，要珍惜自己生命中的黄金时刻。

玉不琢　不成器　人不学　不知义

【释文】玉不打磨雕刻，不会成为精美的器物；人若是不学习，就不懂得道理，不能成才。

【启示】一个人的成才之路如同雕刻玉器一样，玉在没有打磨雕琢以前和石头没有区别，人也是一样，只有经过刻苦磨炼才能成为一个有用的人。

为人子　方少时　亲师友　习礼仪

【释文】做儿女的，从小时候就要亲近老师和朋友，以便从他们那里学习许多为人处世的礼节和知识。

【启示】学会亲近好的老师、好的朋友，并从他们身上学到许多有益的经验和知识，取人之长，补己之短，才能不断地丰富自己的头脑。

香九龄 能温席 孝于亲 所当执

【释文】东汉人黄香，九岁时就知道孝敬父亲，替父亲暖被窝。这是每个孝顺父母的人应该谨守的本分。

【启示】每个人从小就应该知道孝敬父母，这是做人的准则。要知道父母的甘苦，才能孝顺父母，并激励自己刻苦学习。

融四岁 能让梨 弟于长 宜先知

【释文】汉代人孔融四岁时，就知道把大的梨让给哥哥吃，这种尊敬和友爱兄长的道理，是每个人从小就应该知道的。

【启示】从尊敬友爱兄长开始，培养自己的爱心。要以友善的态度对待他人，就不应该计较个人得失，才会受到别人的尊敬和欢迎，也才会感受到他人的温暖。

首孝弟 次见闻 知某数 识某文

【释文】一个人首先要学的是孝敬父母和友爱兄弟的道理，其次是多见天下之事，以广其所知，多闻古今之理，以广其所学。同时，认识数目，理解文理。

【启示】孝敬父母，友爱兄弟是做人的基础；能文会算是做人的本钱。做一个德才兼备的人，就必须从这两点做起。

口而诵 心而惟 朝于斯 夕于斯

【释文】我们读书学习，要有恒心，要一边读，一边用心去思考。只有早晚都把心思用到学习上，才能真正学好。

【启示】我们应该立志努力学习，知识的领域是无穷无尽的，知识是财富、是力量、是智慧。学问是苦根上长出来的甜果。只有刻苦地、不间断地学习，才能掌握和运用它。

昔仲尼　师项橐　古圣贤　尚勤学

【释文】从前，孔子是个十分好学的人，当时鲁国有一位神童名叫项橐，孔子就曾向他学习。像孔子这样伟大的圣贤，尚且不忘勤学，何况我们普通人呢？

【启示】孔子曾经拜师项橐、郯子、苌弘、师襄、老聃。孔子曾说："三人行，必有我师焉。择其善者而从之，其不善者而改之。"

赵中令　读鲁论　彼既仕　学且勤

【释文】宋朝时赵普，他为官已经做到了中书令，却还天天手不释卷地阅读《论语》，不因为自己已经当了高官而忘记勤奋学习。

【启示】学问是永无止境的，一个人的努力和奋斗是不可中途终止的。活到老，学到老。

披蒲编　削竹简　彼无书　且知勉

【释文】西汉时，路温舒把文字抄在蒲草上阅读，公孙弘将《春秋》刻在竹子削成的竹片上。他们两人都很穷，买不起书，但还不忘勤奋学习。

【启示】路温舒和公孙弘，在没有书本的情况下，想办法把书抄在蒲草上或刻在竹子上学习，我们今天能有印制精美的书本，学习条件和学习环境如此优越，更应该刻苦读书。

头悬梁　锥刺股　彼不教　自勤苦

【释文】东汉的孙敬读书时把自己的头发拴在屋梁上，以免打瞌睡。战国时，苏秦读书每到疲倦时就用锥子刺大腿。他们不用别人督促而自觉勤奋苦读。

【启示】要想成为一个有学问的人必须自觉地刻苦读书，因为求知识这件事任何人也代替不了，只有通过自己努力才能学到。现在我们有父母、老师的关心和教导，就更应该好好学习。

如囊萤　如映雪　家虽贫　学不辍

【释文】晋朝人车胤，把萤火虫放在纱袋里照明读书，孙康则利用积雪的反光来读书。他们两人家境贫苦，却能在艰苦条件下继续求学。

【启示】古人这种求学的精神是多么令人钦佩呀！在那样恶劣、贫困的情况下，能够克服困难，不受外界环境影响，努力学习。今天我们有方便舒适的学习环境，如果不知道珍惜，那真是惭愧啊！

如负薪　如挂角　身虽劳　犹苦卓

【释文】汉朝的朱买臣，以砍柴维持生活，每天边担柴边读书。隋朝李密放牛时把书挂在牛角上，有时间就读。他们在艰苦的环境中仍坚持读书。

【启示】朱买臣和李密，一个打柴一个放牛，生活都非常贫苦，但能发奋读书，后来都成为很出色的人。我们有这么好的学习环境，怎么能不努力学习呢？

苏老泉　二十七　始发愤　读书籍
彼既老　犹悔迟　尔小生　宜早思

【释文】唐宋八大家之一的苏洵，号老泉，小时候不想念书，到了二十七岁的时候，才开始下定决心努力学习，后来成了大文学家。苏老泉上了年纪，才后悔当初没好好读书。你们还年轻，应该把握大好时光，发奋读书，才不至于将来后悔。

【启示】苏洵到二十七岁才省悟到读书的重要性。我们年纪轻轻，现在开始用功是绝对来得及的。要认识到读书学习对我们人生的重要性，打好坚实的知识根基，长大以后才能为社会做出应有的贡献。

若梁灏　八十二　对大廷　魁多士
彼既成　众称异　尔小生　宜立志

【释文】宋朝的梁灏，在八十二岁时才考中状元，在金殿上面对皇帝提出的问题对答如流，所有参加考试的人都不如他。梁灏这么大年纪尚能获得成功，不能不使大家感到惊异，钦佩他的好学不倦。你们更应该趁着年轻，立定志向，努力用功。

【启示】有志者，事竟成。年轻人应立下远大的志向，只要坚持不懈，百折不挠，是一定会成功的。没有任何力量比知识更为强大。你想要自己变为一个强者吗？那么，你就要立定志向努力学习，用知识武装起来的人是不可战胜的。成功一定会属于你，光明的前途也会属于你。

莹八岁　能咏诗　泌七岁　能赋棋

彼颖悟　人称奇　尔幼学　当效之

【释文】北齐的祖莹，八岁就能吟诗，后来当了秘书监著作郎。另外唐朝有个叫李泌的人，七岁时就能以下棋为题作诗。他们两个人的聪明和才智，在当时很受人们的赞赏和称奇。现在，你们正是求学的最佳时期，应该效仿他们，努力用功读书。

【启示】祖莹和李泌两人很小就显示出惊人的才华，这和他们的聪慧是分不开的。但仅凭聪明而不坚持学习终究还成不了才。祖莹和李泌学习非常刻苦，每天几乎都是手不释卷，把读书当成是生活中的最大乐趣。虽然祖莹和李泌从小就特别聪明，但如果故步自封、不思进取，聪明反而会被聪明耽误的。

蔡文姬　能辨琴　谢道韫　能咏吟

彼女子　且聪敏　尔男子　当自警

【释文】在古代有许多出色的女能人，像东汉末年的蔡文姬能分辨琴声好坏，晋朝的才女谢道韫则能出口成诗。像这样的两个女孩子，一个懂音乐，一个会作诗，天资如此聪慧，身为一个男子汉，更要时时警惕，充实自己。

【启示】在封建社会，女人没有地位，人们认为“女子无才便是德”，一个女孩子要读书学艺是非常困难的。现代社会，男女平等了，女孩子也能上学读书，这是时代的进步。我们应该珍惜时代给我们创造的良好的学习环境，无论男孩、女孩，都应刻苦努力地学习知识，将来成为一个对国家有用的人。

唐刘晏　方七岁　举神童　作正字
彼虽幼　身已仕　尔幼学　勉而致
有为者　亦若是

【释文】唐玄宗时，有一个名叫刘晏的小孩子，只有七岁，就被推举为神童，并且做负责刊正文字的官。刘晏虽然年纪小，但却已经做官，担当国家给他的重任。你们这些读书的孩子，应当努力向他学习。要想成为一个有用的人，也要像上面这些人一样努力读书才行。

【启示】刘晏长大以后，当了唐代宗的宰相。在他任职期间，非常爱民，为老百姓做了不少好事，这和他从小立下的志向是密不可分的。青年学生也应该和他一样立下远大志向，长大后为社会做出应有的贡献。

犬守夜　鸡司晨　苟不学　曷为人
蚕吐丝　蜂酿蜜　人不学　不如物

【释文】狗在夜间会替人看守家门，鸡在每天早晨天亮时报晓，人如果不能用心学习，每天迷迷糊糊地过日子，有什么资格称为人呢？蚕吐丝以供我们做衣料，蜜蜂可以酿制蜂蜜，供人们食用。而人要是不学习，以自己的知识、技能来实现自己的价值，真不如小动物。

【启示】万事万物都有自然界所赋予的特质，如狗能看门、鸡会报晓。而作为万物之灵的人类又该如何呢？人类只有通过不断的学习，才能掌握前人留下来的知识，并以此来开拓更深、更广泛的知识领域，不断地改善人类自身的生存和生活环境。

幼儿学　壮儿行　上志君　下泽民

扬名声　显父母　光于前　裕于后

【释文】我们要在幼年时努力学习，不断充实自己，长大后才能够学以致用，替国家效力，为人民谋福利。如果你为人民做出应有的贡献，人民就会赞扬你，而且父母也可以得到你的荣耀，这样既为祖先增添了光彩，也为后代树立了好榜样。

【启示】学习的目的在于应用，要把学到的知识为大众服务，不枉费自己一生所学。学习的首要问题是理论与实践相结合，用所学习的知识解决生活中遇到的实际问题，并在实践中加深理解。我们应该提倡一种奉献精神，对我们伟大的祖国、对人民、对他人的奉献精神。我们的学识是奉献的资本，谁的学识多，谁的奉献就越大，人民就把更多的荣誉献给他们。

人遗子　金满籯　我教子　惟一经

【释文】有的人遗留给子孙后代的是金银钱财，而我并不这样，我只希望他们能精于读书学习，长大后做个有所作为的人。

【启示】知识是人类最宝贵的财富。做父母的再有钱，如果子孙不求长进，又有什么用呢？到那时，一无所长什么也不会干，反而害了他们。而书中自有修身、齐家、治国、平天下的道理，这才是取之不竭的财富。

勤有功　戏无益　戒之哉　宜勉力

【释文】反复讲了这许多道理，无外乎是想告诉你们，凡是勤奋上进的人，都会有好的收获，而只顾贪玩，浪费了大好时光，是一定会后悔的。

【启示】我们要时刻提醒自己，珍惜大好时光，持之以恒地读书学习，那么就一定会得到丰厚的收获，丰富自己的思想和学识。

第三单元

初唐

送杜少府之任蜀州[①]

王　勃[②]

城阙[③]辅[④]三秦[⑤]，风烟望五津[⑥]。
与君[⑦]离别意，同是宦游人[⑧]。
海内存知己，天涯若比邻[⑨]。
无为[⑩]在歧路[⑪]，儿女共沾巾[⑫]。

注释：

①〔送杜少府之任蜀州〕收录于《全唐诗》中。杜少府，王勃友人，生平不详。少府，官名，唐时县尉的别称。之，到、往。蜀州，今四川省崇州。

②〔王勃〕（约 649—约 676），字子安，绛州龙门（今山西省河津县）人。在初唐“四杰”（王勃、杨炯、卢照邻、骆宾王）中成就较高。高宗仪凤元年（676），王勃远道去交趾（今越南）看望父亲，归途中因渡海落水，受惊而死。

③〔城阙（què）〕指唐代京城长安。阙，皇宫门前两边的楼观，也称望楼。

④〔辅〕护卫。

⑤〔三秦〕今陕西省关中地区，古为秦国。项羽灭秦，分其地为雍、塞、翟三国，分别封给三个秦国的降将，故称三秦。

⑥〔五津〕指岷江的五个渡口白华津、万里津、江首津、涉头津、江南津。这里泛指蜀川。

⑦〔君〕对人的尊称，相当于“您”，这里指杜少府。

⑧〔宦游人〕远离家乡外出做官的人。

⑨〔海内存知己，天涯若比邻〕海内，四海之内，即全国各地。古人认为我国疆土四周环海，所以称天下为四海之内。天涯，天边，这里比喻遥远的地方。比邻，近邻。曹植《赠白马王彪》（其六）诗有云：“丈夫志四海，万里犹比邻。”这里化用其意。

⑩〔无为〕不必、无须。

⑪〔歧路〕岔路，指离别之处。古人常在大路分叉口送别。

⑫〔沾巾〕泪水沾湿衣服和腰带，意思是挥泪告别。

赏析

这是唐代王勃创作的一首五言律诗。它和一般送别诗充满伤感情调不同，诗人在字里行间流露出的是一种奋发有为的精神。全诗笔力矫健，格调高昂，给初唐的诗坛带来了一股清新健康的气息。

此诗形式整齐、平仄协调、对仗工稳。首联写景，写出送行地点和友人要去的地方；领联点题，彼此处境相同，感情一致；颈联是全诗的核心，强调友谊的真诚与持久，并宽慰友人，虽然天各一方，只要有知心朋友便好像近在咫尺，使人心胸开阔，一扫离愁别绪；尾联继续劝勉友人不要作儿女之态，语壮而情深，展现出诗人的宽广胸襟。四联均紧扣“离别”起、承、转、合，既展现了送别友人的离情别意及两人的深厚友情，又具有深刻的哲理、开阔的意境、高昂的格调。诗人以朴实、洗练的语言，表达出真实、自然、亲切、豪爽的感情，不愧为古代送别诗中的上品。

登幽州台[①]歌

陈子昂[②]

前不见古人[③]，后不见来者[④]。
念天地之悠悠[⑤]，独怆然[⑥]而涕[⑦]下。

注释：

①〔幽州台〕即黄金台，又称蓟北楼，故址在今北京市大兴，是战国时燕昭王为招纳天下贤士而建。

②〔陈子昂〕(661—702)，字伯玉。梓州射洪(今四川省射洪县)人。因曾任右拾遗，后世称为陈拾遗。卸职归乡后为县令段简所陷害，死于狱中。

③〔古人〕指古代礼贤下士的贤主，如燕昭王。

④〔来者〕指后代赏识有为之士的明君。

⑤〔悠悠〕长远，无穷尽。

⑥〔怆(chuàng)然〕悲伤的样子。

⑦〔涕(tì)〕眼泪。

赏析

这是一首吊古伤今的生命悲歌，从中可以看出诗人孤独遗世、独立苍茫的落寞情怀。

本诗通过描写登楼远眺、凭今吊古所引起的无限感慨，抒发了诗人抑郁已久的悲愤之情，深刻地揭示了封建社会中那些怀才不遇的知识分子遭受压抑的境遇，表达了他们在理想破灭时孤寂郁闷的心情，具有深刻的社会意义。武则天万岁通天元年，契丹李尽忠反叛，陈子昂进谏，不仅意见没有被采纳，甚至自己也被贬斥，因此登幽州台抒发失意的感慨，在深沉的感慨中寄寓着报国立功的思想。

这首诗前后句法长短不齐，音节抑扬变化，互相配合，具有极强的艺术感染力。上两句俯仰古今，写出时间的绵长。第三句登楼眺望，写出空间的辽阔。在广阔无垠的背景中，第四句描绘了诗人的孤单寂寞悲苦之情。两相映照，分外动人。诵读这首诗，我们会深刻地感受到一种苍凉悲壮的气氛，眼前仿佛出现了一幅北方原野苍茫广阔的图景，而在这个图景面前，站立着一位胸怀大志却因报国无门而感到孤独悲伤的诗人形象，因而为之深深地感动。

陈子昂的诗格调苍凉激越，寓意深远，标志着初唐诗风的转变，对扫除当时诗坛上的靡丽习气，起过积极作用。

春江花月夜

张若虚

春江潮水连海平，海上明月共潮生。
滟滟[①]随波千万里，何处春江无月明！
江流宛转绕芳甸[②]，月照花林皆似霰[③]。
空里流霜[④]不觉飞，汀[⑤]上白沙看不见。
江天一色无纤尘[⑥]，皎皎空中孤月轮[⑦]。
江畔何人初见月？江月何年初照人？
人生代代无穷已[⑧]，江月年年只相似。
不知江月待何人，但见[⑨]长江送流水。
白云一片去悠悠[⑩]，青枫浦[⑪]上不胜愁。
谁家今夜扁舟[⑫]子？何处相思明月楼[⑬]？
可怜楼上月徘徊[⑭]，应照离人[⑮]妆镜台[⑯]。

玉户[17]帘中卷不去，捣衣砧[18]上拂还来。
此时相望不相闻[19]，愿逐[20]月华[21]流照君。
鸿雁长飞光不度，鱼龙潜跃水成文[22]。
昨夜闲潭[23]梦落花，可怜春半不还家。
江水流春去欲尽，江潭落月复西斜。
斜月沉沉藏海雾，碣石潇湘[24]无限路[25]。
不知乘月[26]几人归，落月摇情[27]满江树。

注释：

①〔滟(yàn)滟〕波光闪动的光彩。

②〔芳甸(diàn)〕开满花草的原野。

③〔霰(xiàn)〕天空中降落的白色不透明的小冰粒。此处形容月光下春花晶莹洁白。

④〔流霜〕飞霜，古人以为霜和雪一样，是从空中落下来的，所以叫流霜。这里比喻月光皎洁、月色朦胧，所以不觉得有霜霰飞扬。

⑤〔汀(tīng)〕水边平地，小洲。

⑥〔纤尘〕微细的灰尘。

⑦〔月轮〕指月亮，因月圆时像车轮，故称月轮。

⑧〔穷已〕穷尽。

⑨〔但见〕只见、仅见。

⑩〔悠悠〕渺茫、深远。

⑪〔青枫浦〕地名，今湖南浏阳县境内有青枫浦。这里泛指游子所在的地方。

⑫〔扁舟〕孤舟、小船。

⑬〔明月楼〕月光照耀下的闺楼。这里指闺中思妇。

⑭〔月徘徊〕指月光移动。

⑮〔离人〕此处指思妇。

⑯〔妆镜台〕梳妆台。

⑰〔玉户〕形容楼阁华丽，以玉石镶嵌。

⑱〔捣衣砧(zhēn)〕捣衣石、捶布石。

⑲〔相闻〕互通音信。

⑳〔逐〕跟从、跟随。

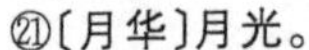

㉑〔月华〕月光。

㉒〔文〕同“纹”。

㉓〔闲潭〕幽静的水潭。

㉔〔碣石潇湘〕碣石，山名，在渤海边，为古今观海圣地。潇湘，潇水与湘江，二水在湖南省零陵合流，北入洞庭湖。碣石、潇湘一北一南，借喻离人相距之远。

㉕〔无限路〕相去很远。

㉖〔乘月〕趁着月光。

㉗〔摇情〕激荡情思，犹言牵情。

赏析

张若虚，扬州（今属江苏）人，生卒年、字号均不详。《全唐诗》中仅收录其两首诗，《春江花月夜》即其一。

这首诗被闻一多先生誉为“诗中的诗，顶峰上的顶峰”。一生仅留下两首诗的张若虚，也因这一首诗，“孤篇横绝，竟为大家”。该诗以其离情之真挚、哲理之深刻、意境之空远、语言之优美令万千读者为之折腰。

这是一首宫体诗，“春江花月夜”为乐府旧题，相传始于南朝陈后主，但本诗除了曲调名沿用旧体外，内容和风格都与以前供宫廷娱乐的歌曲大为不同。《春江花月夜》的章法结构，以整齐为基调，以错杂显变化。三十六句诗，共分为九组，每四句一小组，一组一韵，转组必定转用另一韵，这是它整齐的一面。它的错综复杂，则体现在九个韵脚的平仄变化。开头一、三组用平韵，二、四组用仄韵，随后五六七八组皆用平韵，最后用仄韵结束，错落穿插，声调整齐而不呆板。在句式上，大量使用排比句、对偶句，起承转合皆妙，文章气韵无穷。

《春江花月夜》一诗按时间先后布局谋篇：从“明月初升”（海上明月共潮生）、“月到中天”（皎皎空中孤月轮）、“月亮西移”（可怜楼上月徘徊）到“月落西山”（斜月沉沉藏海雾）。该诗依次描绘了月光笼罩下的潮水、波光、江流、芳甸、花林、白沙、夜空、白云、扁舟、闺楼、镜台、江树等意象，宛如一幅令人魂牵梦绕的山水画卷，使之成为诗中诗、画中画的上品之作。

咏　柳

贺知章

碧玉[①]妆[②]成一树[③]高，万条垂下绿丝绦[④]。
不知细叶谁裁[⑤]出，二月春风似[⑥]剪刀。

注释：

①〔碧玉〕青绿色的玉石。这里用以比喻春天嫩绿的柳叶。

②〔妆〕古代妇女用脂粉修饰容貌称为妆。这里是妆饰的意思。

③〔一树〕满树。在中国古典诗词和文章中，数量词在使用中并不一定表示确切的数量。下一句的“万”，就是表示很多的意思。

④〔丝绦（tāo）〕用丝编成的绳带。这里用来比喻春柳嫩绿的枝条。

⑤〔裁〕裁剪。

⑥〔似〕如同，仿佛。

赏析

《咏柳》是盛唐诗人贺知章写的一首七言绝句。这首咏物诗写的是早春二月的杨柳。首句写柳树，柳树就像一位经过梳妆打扮的亭亭玉立的美人。柳，单单用碧玉来比有两层意思：一是“碧玉”和柳的颜色有关，“碧”和下句的“绿”是互相生发、互为补充的。二是“碧玉”这个词在人们头脑中永远留下年轻的印象。“碧玉”二字用典而不露痕迹，南朝乐府有《碧玉歌》，其中“碧玉破瓜时”已成名句。“碧玉妆成一树高”就

自然地把眼前这棵柳树和那位质朴美丽的贫家少女联系起来，而且联想到她穿一身嫩绿，楚楚动人，充满青春活力。第二句就此联想到那垂垂下坠的枝条就是她身上婀娜多姿的绿色的丝织裙带。第三句由“绿丝绦”继续联想，这些如丝绦的柳条，细细的柳叶儿，是谁剪裁出来的呢？最后一句答，是二月的春风姑娘用她那灵巧的纤纤玉手剪裁出这些嫩绿的叶儿，给大地披上新装，给人们以春的信息。这两句把比喻和设问结合起来，用拟人手法刻画春天的美好和大自然的巧夺天工，手法新颖别致。

总的来说，这首诗的结构独具匠心，先写对柳树的总体印象，再写到柳条，最后写柳叶，由总到分，条序井然。

凉州词[①]（其一）

王　翰

葡萄美酒[②]夜光杯[③]，欲饮琵琶马上催[④]。
醉卧沙场[⑤]君莫笑，古来征战[⑥]几人回？

注释：

①〔凉州词〕唐代乐府曲名，是歌唱凉州一带边塞生活的歌词。王翰写有《凉州词》二首，慷慨悲壮，广为流传，而这首《凉州词》被明代王世贞推为唐代七绝的压卷之作。

②〔葡萄美酒〕是指西域盛产的葡萄酒。

③〔夜光杯〕用白玉制成的酒杯，光可照明。据《海内十洲记》所载，为周穆王时西胡所献之宝。

④〔催〕催人出征。

⑤〔沙场〕平坦空旷的沙地，古时多指战场。

⑥〔征战〕打仗。

赏析

《凉州词》由王翰创作，被选入《唐诗三百首》。这首诗是咏边塞情景之名篇。全诗写艰苦荒凉边塞的一次盛宴，描摹了征人们开怀痛饮、尽情酣醉的场面。

首句用语绚丽优美，音调铿锵激越，显出盛宴的豪华气派，“欲饮”两字，进一层写热烈场面，酒宴外加音乐，着意渲染气氛。三、四句写征人互相斟酌劝饮，尽情尽致，乐而忘忧，豪放旷达。

对于这首诗的主题，历来有不同的理解。例如，有的人说它描写了边塞将士开朗乐观、视死如归的精神，有的人说它写出了出征将士生死未卜的悲壮感，有的人说它以戏谑的语气描写了军旅生活。在诗人写作的当时，也许这样的理解是合理的，但是，这首诗之所以在今天依然有这么大的艺术魅力，能激起现代人强烈的情感共鸣，与它蕴含着的对战争生活的独特感受和反思是分不开的。

这首诗的艺术特点也很鲜明，全诗撷取一个军旅生活中具有典型意义的片段，从出征将士的角度来写景、叙事、提问、作答，感情真挚自然，语言生动朴素，给人留下深刻的印象。

蒙学经典——《论语》十则

《论语》首创语录文体。该书比较完整地记述了孔子及其弟子的言行，集中体现了孔子的政治主张、伦理思想、道德观念及教育原则等，与《大学》《中庸》《孟子》并称“四书”。《论语》中所记孔子循循善诱的教诲之言，或简单应答，点到即止；或启发论辩，侃侃而谈；或富于变化，娓娓动人。《论语》教给后人更多的是如何为人处世的道理，本书仅选其中十则，以供抛砖引玉。

第一则

【原文】子曰:“学而时习之,不亦说乎?有朋自远方来,不亦乐乎?人不知而不愠,不亦君子乎?”(《学而》)

【释文】孔子说:“学习需要不断复习才能掌握。学了知识,按时复习,这难道不是件愉快的事?有志同道合的人从远方来,在一起探讨问题,难道不是一种乐趣?人家不了解(我),(我)也不怨恨,难道不是君子的风格?”

第二则

【原文】子曰:“温故而知新,可以为师矣。”(《为政》)

【释文】孔子说:“复习旧的知识,能够从中有新的体会或发现,这样,就可以做老师了。”

第三则

【原文】子曰:“学而不思则罔,思而不学则殆。”(《为政》)

【释文】孔子说:“只读书而不肯动脑筋思考,就会感到迷惑;只是一味空想而不肯读书,就会精神疲倦而无所得。”(这里阐述了学习和思考的辩证关系。)

第四则

【原文】子曰:“由,诲女知之乎!知之为知之,不知为不知,是知也。”(《为政》)

【释文】孔子说:“子路,教给你正确认识事物的态度吧。(那就是)知道就是知道,不知道就是不知道,这就是聪明智慧。”(这则说的是对待事物的正确态度。)

第五则

【原文】子曰："吾十有五而志于学，三十而立，四十而不惑，五十而知天命，六十而耳顺，七十而从心所欲，不逾矩。"（《为政》）

【释文】孔子说："我十五岁时就立志学习，三十岁时就能够按照礼仪的要求立足于世，四十岁时遇到事情不再感到困惑，五十岁时就知道哪些是不能为人力支配的事情而乐知天命，六十岁时能听得进各种不同的意见，七十岁时可以随心所欲（收放自如）却又不超出规矩。"

第六则

【原文】子曰："默而识之，学而不厌，诲人不倦，何有于我哉？"（《述而》）

【释文】孔子说："把学过的东西默默地记在心里，学习时不感到满足，传授他人时不感到疲倦，要做到这些，对我来说，有何困难呢？"

第七则

【原文】子曰："三人行，必有我师焉。择其善者而从之，其不善者而改之。"（《述而》）

【释文】孔子说："几个人在一起走路，其中一定有人可以当我的老师。应当选择他们的优点去学习，对他们的缺点，要注意改正。"（这里说的是只要虚心求教，到处都有老师。）

第八则

【原文】子曰："知之者不如好之者，好之者不如乐之者。"（《雍也》）

【释文】孔子说："（对待任何事业和学问，）懂得它的人不如喜爱它的人，喜爱它的人不如以它为乐的人。"（这则主要讲学习的三个层次，只有以之为乐的人，才能真正学好它。）

第九则

【原文】子在川上曰:“逝者如斯夫！不舍昼夜。”(《子罕》)

【释文】孔子站在河边叹道:“消逝的时光像河水一样啊！日夜不停地流去。”(这则讲的是要珍惜宝贵的时光。)

第十则

【原文】子曰:“吾尝终日不食,终夜不寝,以思,无益,不如学也。”(《卫灵公》)

【释文】孔子说:“我曾经整天不吃,整夜不睡,思考问题,(但并)没有益处,还不如去学习。”

第四单元

盛 唐

使至塞上[①]

王 维

单车[②]欲问边[③]，属国[④]过居延[⑤]。
征蓬[⑥]出汉塞，归雁[⑦]入胡天。
大漠[⑧]孤烟[⑨]直，长河[⑩]落日圆。
萧关[⑪]逢候骑[⑫]，都护[⑬]在燕然[⑭]。

注释：

①〔使至塞上〕奉命出使到边塞。使，出使。

②〔单车〕一辆车，这里形容这次出使时随从不多。

③〔问边〕到边塞去察看，指慰问守卫边疆的官兵。

④〔属国〕汉朝时，凡已归附的少数民族，其地区称为属国。

⑤〔居延〕居延海，地名。在今内蒙古额济纳旗北境。

⑥〔征蓬〕被风卷起远飞的蓬草。这里借指行踪。

⑦〔归雁〕雁是候鸟，春天北飞，秋天南飞。这里指大雁北飞，故称“归雁入胡天”。

⑧〔大漠〕大沙漠，此处大约是指凉州之北的沙漠。

⑨〔孤烟〕赵殿成注有二解：一云古代边防报警时燃狼粪，“其烟直而聚，虽风吹之不散”；二云塞外多旋风，“袅烟沙而直上”。

⑩〔长河〕黄河。

⑪〔萧关〕古关名，故址在今宁夏固原东南。

⑫〔候骑〕负责侦察、通讯的骑兵。

⑬〔都护〕官名。

⑭〔燕然〕古山名，即今蒙古国杭爱山。

赏析

开元二十五年(737)，唐玄宗命王维以监察御史的身份出使凉州，慰问将士，察访军情。该诗记述的就是这次出使途中的所见所感，是一首纪行诗。

诗人把笔墨重点用在了他最擅长的方面——写景。诗人出使恰在春天，途中见数行归雁，诗人即景设喻，用归雁自比，既叙事，又写景，贴切自然。尤其是“大漠孤烟直，长河落日圆”一联，被近人王国维称为“千古壮观”。此联描写诗人出塞后所看到的塞外奇特壮丽的风光，画面开阔，意境雄浑。边疆沙漠浩瀚无边，所以用了“大”字。边塞荒凉，没有什么奇观异景，烽火台燃起的那一股浓烟就显得格外醒目，因此称作“孤烟”。一个“孤”字，写出了景物的单调，紧接着一个“直”字，却又表现了它的劲拔、坚毅之美。落日，本来容易给人以感伤的印象，这里用一“圆”字，却又给人以亲切温暖而又苍茫的感觉。一个“圆”字，一个“直”字，不仅准确地描绘了沙漠的景象，而且表达了作者深切的感受。诗人把自己的孤寂情绪巧妙地融化在广阔的自然景象描绘中。

此诗既反映了边塞生活，同时也表达了诗人由于被排挤而产生的孤独、寂寞、悲伤之情，以及在大漠的雄浑景色中内心得到熏陶、净化、升华后产生的慷慨激昂之情，显露出一种豁达情怀。

凉州词

王之涣

黄河远上白云间，一片孤城万仞[①]山。
羌笛[②]何须怨杨柳[③]，春风不度玉门关[④]。

注释：

①〔万仞〕一仞为七尺或八尺，万仞是形容山很高的意思（乃为虚指）。

②〔羌笛〕我国古代西部羌族人所用的一种管乐器。

③〔杨柳〕指古代乐曲《折杨柳》，是一种哀怨的曲调。

④〔玉门关〕关名，在今甘肃省敦煌市西南，是古代通西域的要道。

赏析

这首诗是王之涣描述塞外苍凉景象的代表作，字里行间充满着苍凉慷慨，悲而不失其壮。虽极力渲染戍卒不得还乡的怨情，但却丝毫没有半点颓丧消沉，充分表现出盛唐诗人的广阔胸怀。

首句“黄河远上白云间”，抓住远眺的特点，描绘出一幅动人的图画：辽阔的高原上，黄河奔腾而来，远远向西望去，好像是从白云中流出一般。次句“一片孤城万仞山”，写塞上的孤城，在高山大河的环抱下，一座地处边塞的孤城巍然屹立。这两句描写了祖国山川的雄伟气势，勾勒出边防重镇的地理形势，突出了戍边士卒的荒凉境遇，为后两句刻画戍守者的心理提供了一个典型环境。在这种环境中忽然听到了羌笛声，所吹的曲调恰好是《折杨柳》，这就不能不勾起戍卒的离愁。古代诗文中常以杨柳比喻送别情事，在《诗·小雅·采薇》中就有很好的说明，如“昔我往矣，杨柳依依”。不过在这里，诗人却用豁达的语调排解道：羌笛何必老是吹奏那哀怨的《折杨柳》呢？要知道，这玉门关外本来就是春风吹不到的地方，哪有杨柳可折！说“何须怨”，并不是没有怨，也不是劝戍卒不要怨，而是说怨也没有用。用了“何须怨”三字，使诗意更加含蓄，更有深意。

总的来说，王之涣的《凉州词》通过“黄河”“白云”“孤城”“万仞山”“羌笛”“杨柳”“玉门关”这些意象的完美组合，巧妙生动地勾勒出一幅边塞风光图，创造出边塞凉州雄伟壮阔而又荒凉寂寞的意境。

将进酒①

李　白

君不见②，黄河之水天上来③，奔流到海不复回。
君不见，高堂④明镜悲白发，朝如青丝⑤暮成雪。
人生得意⑥须尽欢，莫使金樽空对月。
天生我材必有用，千金散尽还复来。
烹羊宰牛且为乐，会须⑦一饮三百杯。
岑夫子，丹丘生⑧，将进酒，杯莫停⑨。
与君⑩歌一曲，请君为我倾耳听⑪。
钟鼓⑫馔玉⑬不足贵，但愿长醉不复醒。
古来圣贤皆寂寞，惟有饮者留其名。
陈王⑭昔时宴平乐⑮，斗酒十千恣⑯欢谑⑰。
主人何为言少钱⑱，径须⑲沽⑳取对君酌。
五花马㉑，千金裘，呼儿将出换美酒，与尔㉒同销㉓万古愁。

注释：

①〔将(qiāng)进酒〕汉乐府旧题。将，请。

②〔君不见〕乐府中常用的一种夸语。

③〔黄河之水天上来〕黄河发源于青海，因那里地势极高，故称“天上来”。

④〔高堂〕高大的厅堂。

⑤〔青丝〕黑发。

⑥〔得意〕高兴的时候。

⑦〔会须〕正应当。

⑧〔岑夫子，丹丘生〕岑夫子，岑勋。丹丘生，元丹丘。二人均为李白的好友。

⑨〔杯莫停〕一作“君莫停”。

⑩〔与君〕给你们，为你们。君，指岑、元二人。

⑪〔倾耳听〕一作“侧耳听”。

⑫〔钟鼓〕富贵人家宴会中奏乐使用的乐器。

⑬〔馔(zhuàn)玉〕形容食物如玉一样精美。

⑭〔陈王〕曹植。曹植生前封陈王，去世后谥号“思”，故又称陈思王。

⑮〔平乐〕观名。在洛阳西门外，为汉魏时富豪显贵的娱乐场所。

⑯〔恣〕纵情任意。

⑰〔谑(xuè)〕戏。

⑱〔言少钱〕一作“言钱少”。

⑲〔径须〕干脆，只管。

⑳〔沽〕买。

㉑〔五花马〕指名贵的马。

㉒〔尔〕你。

㉓〔销〕同“消”。

赏析

《将进酒》这首诗大约作于天宝十一载(752)，距诗人被唐玄宗“赐金放还”已达八年之久。当时，他跟友人岑勋曾多次应邀到嵩山(今河南登封市境内)元丹丘家里做客，三人登高畅饮。置酒会友乃人生快事，诗人又正值“抱用世之才而不遇合”之际，于是满腔的愤激之情，借酒兴诗情淋漓尽致地抒发了出来，而一举使本诗成为借酒抒情的千古之作。

此诗篇幅不长，却五音繁会，气象不凡。它笔酣墨饱，情极悲愤而又狂放，语极豪纵而又沉着。诗篇具有震动古今的气势与力量，这诚然与所用的夸张手法不无关系，比如诗中屡用巨额数目“千金”“三百杯”“斗酒十千”“千金裘”“万古愁”表现豪迈诗情，同时，又不给人空洞浮夸感，其根源就在于它那充实深厚的内在感情，那潜在酒话底下如波涛汹涌的郁怒情绪。此外，全篇大起大落，诗情忽翕忽张，由悲转乐、转狂放、转愤激，再转狂放，最后结于“万古愁”。

这首诗非常形象地表现了诗人李白桀骜不驯的性格：一方面对自己充满自信，孤高自傲；一方面在政治前途出现波折后，又流露出纵情享乐之快。全诗气势豪迈，感情奔放，语言流畅，具有很强的感染力。

白雪歌送武判官[1]归京

岑 参

北风卷地白草[2]折，胡天[3]八月即飞雪。
忽如一夜春风来，千树万树梨花[4]开。
散入珠帘[5]湿罗幕[6]，狐裘[7]不暖锦衾薄[8]。
将军角弓[9]不得控[10]，都护[11]铁衣[12]冷难着[13]。
瀚海[14]阑干[15]百丈[16]冰，愁云惨淡[17]万里凝。
中军[18]置酒饮归客[19]，胡琴琵琶与羌笛[20]。
纷纷暮雪下辕门[21]，风掣红旗冻不翻[22]。
轮台[23]东门送君去，去时雪满[24]天山路。
山回路转[25]不见君，雪上空留马行处。

注释：

①〔武判官〕名不详。判官，官职名。

②〔白草〕我国西北地区所产之草，牛马所嗜。干枯时成白色，故名。

③〔胡天〕指塞北的天空。胡，古代汉民族对北方各民族的统称。

④〔梨花〕春天开放，花作白色。这里用来形容雪花积在树枝上，像梨花开了一样。

⑤〔珠帘〕用珍珠串成或饰有珍珠的帘子，形容帘子的华美。

⑥〔罗幕〕用丝织品做成的帐幕，形容帐幕的华美。这句说雪花飞进珠帘，沾湿罗幕。“珠帘”“罗幕”都属于美化的说法。

⑦〔狐裘（qiú）〕狐皮袍子。

⑧〔锦衾（qīn）薄〕锦缎做的被子（因为寒冷）都显得单薄了，形容天气很冷。

⑨〔角弓〕用兽角装饰的硬弓。

⑩〔不得控〕（天太冷而冻得）拉不开（弓）。控，拉开。

⑪〔都（dū）护〕镇守边镇的长官。

⑫〔铁衣〕铠甲。

⑬〔难着（zhuó）〕作“犹著”，“着”亦写作“著”。

⑭〔瀚（hàn）海〕沙漠。这句说大沙漠里到处都结着很厚的冰。

⑮〔阑干〕纵横交错的样子。

⑯〔百丈〕一作“百尺”，一作“千尺”。

⑰〔惨淡〕昏暗无光。

⑱〔中军〕本义是主帅亲自率领的部队，这里借指主帅所居的营帐。

⑲〔饮归客〕宴饮归京的人，指武判官。饮，动词，宴饮。

⑳〔胡琴琵琶与羌笛〕在饮酒时奏起了乐曲。胡琴等都是当时西域地区兄弟民族的乐器。

㉑〔辕门〕军营的门。古代军队扎营，用车环围，出入处以两车车辕相向竖立，状如门。这里指将帅衙署的外门。

㉒〔风掣（chè）红旗冻不翻〕红旗因雪而冻结，风都吹不动了。掣，拉，扯。冻不翻，旗被风往一个方向吹，给人以冻住之感。

㉓〔轮台〕古地名，在今新疆维吾尔自治区米泉区，当时是安西节度使驻地。

㉔〔满〕铺满。形容词活用为动词。

㉕〔山回路转〕山势回环，道路盘旋曲折。

赏析

岑参，江陵（今湖北省荆州市）人。盛唐边塞诗派的代表诗人。

这首诗作于唐玄宗天宝十三年(754),诗人以敏锐的观察力和浪漫奔放的笔调,描绘了祖国西北边塞的壮丽景色,以及边塞军营送别归京使臣的热烈场面,表现了诗人和边防将士的爱国热情,以及他们对战友的真挚感情。

全诗意象雄浑壮丽,想象绝妙,堪称咏雪送别诗的代表作品。诗歌主要描写了边塞的奇特风光和与友人分别时的依依不舍之情,展现了边疆将士的艰苦与豪情。前八句主要描写大雪的降临和天气的寒冷,用北风、白草、珠帘、罗幕、狐裘、锦衾、角弓、铁衣等事物,来表现边疆地区恶劣的气候和艰苦的生存条件,衬托了戍边将士的万丈豪情。“忽如一夜春风来,千树万树梨花开”一联,用想象和比喻的手法来描写雪花的神奇,生动形象,成为传诵千古的名句。诗歌的后半部分,诗人叙述了设宴送行的场景。以“瀚海阑干百丈冰,愁云惨淡万里凝”为过渡句,用荒凉与严寒衬托出分别时的心境。接下来,帐中饮酒,雪中送行,一步步有条不紊地进行叙述,直到最后看着友人消失在茫茫雪域中。

诗人将强烈的主观感受融入诗中,在歌咏自然风光的同时也表现出对友人的真挚情谊。全诗内涵丰富,意境深远,具有极强的艺术感染力。

春　望

杜　甫

国破[①]山河在[②],城[③]春草木深。
感时[④]花溅泪[⑤],恨别[⑥]鸟惊心。
烽火[⑦]连三月[⑧],家书抵[⑨]万金。
白头[⑩]搔[⑪]更短,浑[⑫]欲[⑬]不胜[⑭]簪[⑮]。

注释：

①〔国破〕国，国都，指京城长安（今陕西西安）。破，陷落。

②〔山河在〕旧日的山河仍然存在。

③〔城〕指长安城。

④〔感时〕为国家的时局而感伤。

⑤〔溅泪〕流泪。

⑥〔恨别〕怅恨离别。

⑦〔烽火〕古时边防报警的烟火。这里指安史之乱的战火。

⑧〔三月〕三为虚指，形容战争持续时间长。

⑨〔抵〕值，相当。

⑩〔白头〕这里指白头发。

⑪〔搔〕用手指轻轻地抓。

⑫〔浑〕简直。

⑬〔欲〕想，要，就要。

⑭〔不胜〕经受不了，承受不了。

⑮〔簪〕一种束发的首饰。古代男子蓄长发，成年后束发于头顶，用簪子横插住，以免散开。

赏析

杜甫，字子美，祖上曾从原籍京兆（今陕西西安）迁往襄阳，从他曾祖父起，移居巩县（今河南巩义）。杜甫是唐帝国盛极而衰的历史转折时期的伟大诗人。他的诗在当时就获得了“诗史”的美称。

唐肃宗至德二年（757）春，身处沦陷区的杜甫目睹了京城一片萧条零落的景象，睹物神伤，触景生情，便写下了这首荡气回肠的五言律诗。

全诗结构紧凑，围绕“望”字展开，前四句借景抒情，情景结合。诗人由登高远望到焦点式的透视，由远及近，感情由弱到强，就在这感情和景色的交叉转换中含蓄地传达出诗人的感叹忧愤。由开篇描绘国都萧索的景色，到眼观春花而流泪、耳闻鸟鸣而怅恨，到战事持续很久，以致家里音

信全无；最后写到自己的哀怨和衰老。环环相生、层层递进，创造了一个能够引发人们共鸣、深思的境界。

全诗情景交融，感情深沉，意蕴深远，含蓄凝练，言简意赅，充分体现了诗人“沉郁顿挫”的艺术风格。

蒙学经典——《增广贤文》精选

《增广贤文》，又名《昔时贤文》《古今贤文》，是中国明代时期编写的儿童启蒙读物。书名最早见于明万历年间的戏曲《牡丹亭》，据此可推知此书最迟写成于万历年间。后来，经过明、清两代文人的不断增补，特别是清代同治年间儒生周希陶曾进行过重订，才形成现在的版本。此书集结了从古到今(成书时)的各种格言、谚语、佳句，其内容十分广泛，从礼仪道德到典章制度，从风物典故到天文地理，几乎无所不含，但中心是讲人生哲学、处世之道。

第一则

昔时贤文，诲汝谆谆。
集韵增广，多见多闻。
观今宜鉴古，无古不成今。

【释文】用过去圣贤们的言论，给你亲切有益的教诲。经过大量搜集和阅读篇章，我们可以丰富所见所闻。观察了解今天的事需要借鉴古代历史，没有古代的历史就没有今天的一切。

【析论】本则内容为《增广贤文》的开篇，从总体上讲明编写此书的宗旨、做法及要达到的目的。

第二则

知己知彼，将心比心。

酒逢知己饮，诗向会人吟。

相识满天下，知心能几人？

相逢好似初相识，到老终无怨恨心。

【释文】遇事不仅要清楚自己的能力，还要了解对方的能力。对待他人，应当设身处地去体谅别人。酒要和知心朋友一起喝，诗要念给懂诗的人听。相互认识的人到处都是，但能称得上知心朋友的又有几个？友人相聚如果能像初次见面时那样热情、谦恭的话，那么直到老年之时，彼此也不会有怨恨之心。

【析论】本则内容讲的是交友心得。交朋友应该志同道合、相互了解，与朋友交往，应该将心比心、与人为善。

第三则

近水知鱼性，近山识鸟音。

易涨易退山溪水，易反易覆小人心。

【释文】经常接近水，自然而然就能掌握鱼的生活习性；经常接近山，也就容易辨别鸟的声音。容易涨也容易消退的是山中溪水，容易变化、反复无常的是小人之心。

【启示】经常接触某事物，耳闻目睹、日积月累，就会明白许多道理，认清许多事物。见的小人多了，你会知道他们表里不一、口是心非，就像山中的溪水一样易涨易退反复无常。这句话告诫我们，不可与反复无常之人深交，也千万不要成为那样的人。

第四则

运去金成铁，时来铁似金。

读书须用意，一字值千金。

【释文】运气不好时，黄金也会变成废铁；时来运转之际，废铁也会贵若黄金。读书应该用心去推敲、去体会，才会文辞精妙、字字千金。

【析论】本则内容讲的是机遇和读书。对我们中职生来说，首先应该把专业知识学到手，并不断地提升自身素养，才能把握机遇，成就大事。

第五则

逢人且说三分话，未可全抛一片心。

有意栽花花不发，无心插柳柳成荫。

画龙画虎难画骨，知人知面不知心。

【释文】与他人相见时，说话要留有余地，别把心里想的全部讲出来。用心栽的花不一定开，无意插的柳树却时常长成绿荫。画龙和虎的形态容易，但骨骼却难以画出；熟悉人的面貌容易，了解他的内心却很难。

【析论】本则内容阐述的是人际关系。主要讲人与人之间的戒备心理，反映了在古代社会，人们谨言慎行、消极避祸的人生处世哲学。

第六则

钱财如粪土，仁义值千金。

流水下滩非有意，白云出岫本无心。

【释文】钱财乃身外之物，就像粪土一样，没有什么值得珍惜的，而仁义道德价值千金。流水从滩头泻下并非有意之举，白云从山间飘出也完全是出于自然。

【析论】本则内容讲的是修身养性之道。轻财重义，是劳动人民在长期社会生活实践中总结出来的处世之道，是中华民族的传统美德。

第七则

路遥知马力，事久见人心。

饶人不是痴汉，痴汉不会饶人。

【释文】路途遥远才会了解马的能力大小，经历的事情多了才会明了人的心术。能宽恕别人的人不是傻瓜，傻瓜从来不会宽恕别人。

【析论】本则内容可谓识破世人的“绝世精言”。第一句今多作“路遥知马力，日久见人心”，讲的是人与人的了解需要时间来检验，就像遥远的路途可以检验马的优劣一样。第二句倡导人们要有宽恕之心，得饶人处且饶人。

第八则

是亲不似亲，非亲却似亲。

美不美，故乡水；亲不亲，故乡人。

【释文】有些人，虽是亲戚，却形同陌路，而有时候没有什么血缘关系的人却比亲戚还亲。无论味道如何，家乡的水总是最甜的；无论是不是亲戚，故乡的人都是最亲近的。

【启示】俗话说“人亲不如心近”“远亲不如近邻”，这些都缘于人与人之间的感情。“他乡遇故知”“老乡见老乡，两眼泪汪汪”，表达了人们对故乡、同乡的特殊感情。

第九则

当时若不登高望，谁信东流海洋深。

两人一般心，无钱堪买金；一人一般心，有钱难买针。

【释文】若不登高望远，怎么能够知道东流的河水能够汇聚成深邃的海洋。两个人一条心，即使当下很贫穷，也能很快赚到购买黄金的钱；每个人都留着一个心眼，即使有钱也买不到一根针。

【析论】站得高看得远才能胸怀宽广，才能看得到河水汇聚的力量。只要齐心合力，再难的事情也能办到；而如果每个人都只为自己打算，那就会一事无成。这里用对比的手法，表明团结的重要性。

第十则

莺花犹怕春光老，岂可教人枉度春？

【释文】黄莺和鲜花尚且还怕春光消逝，我们又怎能虚度青春呢？

【析论】这里用衬托手法激励人们要珍惜光阴，不可虚度大好年华，应趁青春年少有所作为。

第五单元

中　唐

钱塘湖[①]春行

白居易

孤山寺[②]北贾亭[③]西，水面初平[④]云脚低[⑤]。
几处早莺[⑥]争暖树[⑦]，谁家新燕[⑧]啄春泥。
乱花渐欲迷人眼，浅草才能没马蹄[⑨]。
最爱湖东[⑩]行不足[⑪]，绿杨阴[⑫]里白沙堤[⑬]。

注释：

①〔钱塘湖〕即杭州西湖。

②〔孤山寺〕南北朝时期陈文帝天嘉(560—566)初年建。孤山，在西湖的里、外湖之间，因与其他山不相接连，所以称孤山。

③〔贾亭〕又叫贾公亭，西湖名胜之一。唐朝杭州刺史贾全所筑。

④〔水面初平〕湖水同堤岸齐平，即春水初涨。初，在古汉语里用作副词，常用来表示时间，指不久。

⑤〔云脚低〕白云重重叠叠，同湖面上的波澜连成一片，看上去，浮云很低。云脚，接近地面的云气，多见于将降雨或雨初停时。

⑥〔早莺〕初春时早来的黄鹂。莺，黄鹂，鸣声婉转动听。

⑦〔暖树〕向阳的树枝。

⑧〔新燕〕刚从南方飞回来的燕子。

⑨〔乱花渐欲迷人眼，浅草才能没(mò)马蹄〕春行俯察所见，花繁草嫩，春意盎然，浅浅的青草刚够没过马蹄。乱花，纷繁的花。渐，副词，渐渐地。欲，副词，将要，就要。才能，刚够上。没，遮没，盖没。

⑩〔湖东〕以孤山为参照物，白沙堤(即白堤)在孤山的东北面。

⑪〔行不足〕百游不厌。足，满足。

⑫〔阴〕同“荫”，指树荫。

⑬〔白沙堤〕即今白堤，又称沙堤、断桥堤，在西湖东畔。

赏析

这首诗就像一篇短小精悍的游记。诗人从孤山、贾亭开始，到湖东、白堤止，一路上，在湖青山绿美如天堂的景色中，饱览了莺歌燕舞，陶醉在鸟语花香，最后，才意犹未尽地沿着白沙堤，在杨柳的绿荫下，一步三回头，恋恋不舍地离去。耳畔还回响着由世间万物共同演奏的春天的赞歌，心中便不由自主地流出一首饱含着自然融合之趣的优美诗歌来。

全诗结构严密，格律严谨，对仗工整，语言流畅，生动自然。这是一幅形象的西湖早春图。全诗紧扣诗题中的“春行”二字展开。诗人信马而游，以“行”为构思的线索，选取最有早春特征的代表性的景物加以描绘，处处给人以鲜明的季节感。“初平”“低”“渐欲”“才能”是点染水、云、花、草在早春时所呈现的景色。“争暖树”“啄春泥”固然是写“早莺”“新燕”的活泼可爱的动态，但它们又何尝不是早春时节的特有景象呢！尚未烂漫的“乱花”才“渐欲迷人眼”，尚未茂盛的“浅草”“才能没马蹄”，诗人“行”中所见，到处都传达出早春的气息。而在这盎然、清新明快的春意中，读者也分明体会到诗人心旷神怡的感受。

枫桥[①]夜泊[②]

张　继

月落乌啼[③]霜满天[④]，江枫[⑤]渔火[⑥]对愁眠[⑦]。
姑苏[⑧]城外寒山寺[⑨]，夜半钟声[⑩]到客船。

注释：

①〔枫桥〕在今苏州市阊门外。

②〔夜泊〕夜间把船停靠在岸边。

③〔乌啼〕乌鸦啼鸣。一说为乌啼镇。

④〔霜满天〕空气极冷。

⑤〔江枫〕一般解释为“江边枫树”。江，吴淞江，源自太湖，流经上海，汇入长江，俗称苏州河。另外有人认为指“江村桥”和“枫桥”。

⑥〔渔火〕渔船上的灯火。

⑦〔对愁眠〕伴愁眠之意。此句把江枫和渔火拟人化。

⑧〔姑苏〕苏州的别称，因城西南有姑苏山而得名。

⑨〔寒山寺〕在枫桥附近，始建于南朝梁代。相传因唐代僧人寒山曾住此而得名。

⑩〔夜半钟声〕当时佛寺有半夜敲钟的习惯，也叫“无常钟”或“分夜钟”。

赏析

《枫桥夜泊》描写了一个秋天的夜晚，诗人泊船于苏州城外的枫桥。江南水乡秋夜幽美的景色，吸引着这位怀着旅愁的游子，使他领略到一种情味隽永的诗意美，写下了这首意境深远的小诗。

早春呈①水部张十八员外②(其一)

韩　愈

天街②小雨润如酥，草色遥看近却无。
最是③一年春好处④，绝胜⑤烟柳满皇都。

注释：

①〔呈〕恭敬地送给。

②〔张十八员外〕即张籍。

③〔天街〕京城长安的街道。

④〔最是〕正是。

⑤〔处〕时。

⑥〔绝胜〕远远胜过。

赏析

这是一首描写和赞美早春美景的七言绝句。第一句写都城长安初春的小雨，以“润如酥”来形容它的细滑润泽，十分准确地写出了它的特点，用词准确精练，与杜甫的“好雨知时节，当春乃发生。随风潜入夜，润物细无声”(《春夜喜雨》)有异曲同工之妙。第二句描写青草在初春雨中的景象。从远处看好像颇有绿意，但走近了看却似有似无。这一句准确、传神地描绘出初春的小草在春雨中复苏的景象，显得十分婉转动人。尤其是一个“无”字，精练而含蓄地表现出了初春小草发芽时若有若无、稀疏的特点。三、四两句对初春景色大加赞美，意思是说：早春的小雨和草色是一年春光中最美的东西，远远超过了烟柳满城的晚春景色。写春景的诗，在唐诗中，多取明媚的晚春，这首诗却取早春咏叹，认为早春比晚春景色优胜，别出新意。

这首诗咏早春，能摄早春之魂，给读者以无穷的美感体验。诗人没有彩笔，但他用诗一般的语言描绘出极难描摹的色彩——一种淡雅的、似有却无的色彩。如果没有敏锐细致的观察力和出众的语言表现力，是不可能如此精致、到位地把早春的自然美和生活美提炼、升华为艺术美和理性美的。

江　雪

柳宗元

千山[①]鸟飞绝[②]，万径人踪[③]灭。
孤[④]舟蓑笠翁[⑤]，独[⑥]钓寒江雪。

注释：

①〔千山〕和“万经”同，虚指，指千万条路。

②〔绝〕无，没有。

③〔人踪〕人的脚印。

④〔孤〕孤零零。

⑤〔蓑笠(suō lì)翁〕穿着蓑衣戴着笠帽的渔翁。笠，用竹篾编成的帽子。

⑥〔独〕独自。

赏析

柳宗元，唐代文学家、哲学家，唐宋八大家之一。字子厚。祖籍河东(今山西永济)，后迁长安(今陕西西安)，世称柳河东。《江雪》是柳宗元山水诗的代表作。

这首五言绝句作于诗人被贬之后，谪居永州期间。全诗用简练细腻的语言勾勒出了一幅寄兴高洁、寓意丰富的寒江独钓图：纵有千山万岭，却不见飞鸟踪影；虽有千万道路，却不见行人足迹；翩然孤舟之上，一位渔翁，身披蓑衣，头戴斗笠，默默地在漫天风雪中垂钓。

诗的开头两句“千山鸟飞绝，万径人踪灭”是这幅画的背景。“千山”“万径”都乃虚指，“千”“万”都寓意“很多”。而这山中本应有鸟，这路上本应有人，但“绝”“灭”二字便使这一切都在刹那间消失得无影无踪，天地之间似乎只留下茫茫冰雪。这是诗在意境上的张力。诗人笔下的自然环境，无疑也是他心中感受到的严酷政治局面的写照。

三、四两句“孤舟蓑笠翁，独钓寒江雪”是这幅画的主体。一个“孤”字，给人一种孤傲之感，而一个“独”字，则给人以感官上的冲击。试想一下，在一个雪花纷飞，几乎寻不到任何生命迹象的地方，一位孤独的渔翁却坐在小船上，身披蓑衣，一个人在漫天大雪中，在江面上垂钓。迎风抗雪、孤舟独钓的渔翁形象，正是诗人不屈精神和孤独情怀的人格化身。

这首五言绝句虽题为“江雪”，但是诗人却并没有在入笔之处点题，全诗到结尾处方书“寒江雪”三字，正面破题。从押韵看，此诗选用“绝”“灭”“雪”三个入声字作韵脚，更加重了作品凝滞冷峻的色调。

游子吟[①]

孟　郊

慈母手中线，游子身上衣。
临[②]行密密缝，意恐[③]迟迟归[④]。
谁言[⑤]寸草[⑥]心[⑦]，报得[⑧]三春晖[⑨]。

注释：

①〔游子吟〕游子，古代称远游旅居的人，这里指诗人自己，以及万千离乡的游子。吟，诗体名称。

②〔临〕将要。

③〔意恐〕担心。

④〔归〕回来，回家。

⑤〔言〕说。

⑥〔寸草〕小草，这里比喻游子。

⑦〔心〕语义双关，既指草木的茎干，也指子女的心意。

⑧〔报得〕能够报答。

⑨〔三春晖〕春天灿烂的阳光，这里指慈母之恩。三春，旧称农历正月为孟春，二月为仲春，三月为季春，合称三春。晖，阳光，形容母爱如春天温暖、和煦的阳光照耀着子女。

赏析

深挚的母爱，无时无刻不在沐浴着儿女们。诗中没有写谆谆叮咛，涟涟别泪，而是摄取了临行缝衣的场景，艺术地再现了人所共感的普通而伟大的人性美，从而给人更为具体、真实的印象。

开头两句"慈母手中线，游子身上衣"，用"线"与"衣"两件极常见的事物将"慈母"与"游子"紧紧联系在一起，写出母子相依为命的骨肉情深。三、四句"临行密密缝，意恐迟迟归"，通过慈母为游子赶制出门衣服的动作和心理的刻画，深化这种骨肉之情。母亲千针万线"密密缝"，唯恐儿子"迟迟"难归。伟大的母爱通过日常生活中的细节自然地流露出来。前面四句采用白描手法，不作任何修饰，但慈母的形象却真切感人。

最后两句"谁言寸草心，报得三春晖"是全诗感情的升华，通俗形象的比兴，意味深长的对比，寄托了赤子炽烈的情意。这两句以反问的口气写出了游子对母亲真切的感恩之心：谁能说儿子像小草的那点孝心，可报答

春晖般的慈母之恩？这阳光对小草的恩惠，正如母亲对儿女的恩泽，是丰厚得难以报答的。这就把母爱的伟大与深沉形象地表达出来，给人以深刻的启迪。

全诗前四句全是白描，末二句转用比兴，无华丽的辞藻，也无巧琢雕饰，情真意切，发自肺腑。故苏轼评此诗为“诗从肺腑出，出辄愁肺腑”[《读孟郊诗》(其一)]。千百年来，它拨动无数读者的心弦，引起万千游子的共鸣。

蒙学经典——《增广贤文》精选

第十一则

黄金无假，阿魏无真。

【释文】黄金，应为“黄芩”。(原书误)黄芩是货真价实的东西，而阿魏这种药却没有真正正宗的。

【析论】本则内容教育人们，足够的利益，驱使造假。

第十二则

客来主不顾，应恐是痴人。

【释文】客人来了也不招待，这样的人恐怕是个傻瓜。

【析论】对待客人应该热情周到，尽地主之谊，这是作为主人起码的礼貌，也是中华民族的传统美德。对客人做出失礼的行为，这是不通事理的愚人的表现。

第十三则

贫居闹市无人问，富在深山有远亲。
谁人背后无人说？哪个人前不说人？
有钱道真语，无钱语不真。
不信但看筵中酒，杯杯先劝有钱人。

【释文】贫穷之人，即使住在繁华之地也没有人问津，而富人哪怕住在深山也时常有远房亲戚光顾。有谁能背后不被别人议论？又有哪个人在人前不议论他人？有钱人的话，句句都是真理；没钱的人即使说的是真话，也没有谁相信。若是不信这种势利眼的话，请看筵席上的场面就知道了，无论因何敬酒，杯杯都先敬有钱的人。

【析论】本则内容一针见血道破人际交往中拜金主义的盛行，流露出对势利小人的厌恶之情。

第十四则

来如风雨，去似微尘。
长江后浪推前浪，世上新人赶旧人。

【释文】来势如暴风骤雨，退去如微尘飘落。长江的后浪推涌着前浪，世上新人赶超着旧人。

【析论】本则内容道出了自然界和人类社会中的普遍规律：新旧交替，生生不息。没有这样的交替，自然和社会就不会发展进化。有见识的人，应当欢迎后来者居上，超过自己。

第十五则

近水楼台先得月，向阳花木早逢春。
古人不见今时月，今月曾经照古人。

先到为君，后到为臣。

莫道君行早，更有早行人。

【释文】近水的楼台先看到水中的月亮，向阳的花木更早接受春天的滋润。古代的人无法看到今天的月亮，今天的月亮却曾经照耀过古代的人。抢先一步能当君王，后到一步只能称臣。不要说你走得早，还有比你走得更早的人。

【析论】“先得月”“早逢春”是因为占据了“近水”与“向阳”之地利。“先到为君”是讲天时的重要性。“莫道”“更有”是说要有一种谦逊的态度，即所谓“天外有天，人外有人”，万不可目空一切，要虚怀若谷，团结一切可以团结的力量，做到人和。

第十六则

莫信直中直，须防仁不仁。

【释文】不要相信那些吹嘘自己正直的人，更要防备那些自我标榜仁义的人。

【析论】本则内容告诫我们，要学会观人、察人、辨人，找到可以真正交心的朋友。

第十七则

为人莫做亏心事，半夜敲门心不惊。

【释文】为人处世不做对不起自己良心的事，这样即使半夜有人敲门，也不会惊慌害怕。

【析论】做人光明磊落，心中坦荡，就会吃得饱、睡得安。如果多行不义，必然会担惊受怕，疑神疑鬼，寝食难安，惶惶不可终日。

第十八则

一年之计在于春，一日之计在于晨。
一家之计在于和，一生之计在于勤。

【释文】要想做好一年的事业应在春天就开始计划，要想做好一天的事情应在黎明时就开始打算。一个家庭最宝贵的是和睦，人的一生最宝贵的是勤奋。

【析论】本则内容告诉我们，要善于把握时机，抓住关键，凡事早作打算才能成功。同时，人应该养成勤勉、珍惜时日的习惯，这是先人在长期实践中总结出来的经验，值得借鉴。

第十九则

责人之心责己，恕己之心恕人。

【释文】做人应当用苛求别人的心理来要求自己，用宽恕原谅自己的心理去宽恕别人。

【析论】本则内容告诉我们，严于律己、宽以待人是做人应有的品德和修养。

第二十则

守口如瓶，防意如城。
宁可人负我，切莫我负人。
再三须重事，第一莫欺心。
虎身犹可近，人毒不堪亲。
来说是非者，便是是非人。

【释文】紧闭着嘴不乱说如同瓶口加盖，克制私欲、自我要求严格如守城防敌。宁肯让别人辜负自己，也决不让自己辜负别人。做事要思量再三，谨慎对待，首先不要欺骗自己的良心。活着的老虎还可以靠近，恶毒的人千万不能亲近。在你面前议论别人是非的人，就是搬弄是非的小人。

【析论】本则内容单刀直入地告诫涉世未深的我们，要分清敌友、明辨是非、提高警惕，谨防搬弄是非、挑拨离间的小人，还要牢记“三思而后行”的处事方法。

第六单元

晚 唐

清 明

杜 牧

清明①时节雨纷纷，路上行人欲断魂②。
借问③酒家何处有？牧童遥指杏花村。

注释：

①〔清明〕二十四节气之一，在阳历四月五日前后。

②〔欲断魂〕形容愁苦极深，好像神魂要与身体分开一样。

③〔借问〕请问。

赏析

此诗写诗人清明春雨中所见，色彩清淡，心境凄冷，历来广为传诵。第一句交代情景、环境、气氛；第二句写出了诗人凄迷纷乱的心境；第三句

提出了如何摆脱这种心境的办法;第四句写答话带行动,是整篇的精彩所在。全诗运用由低而高、逐步上升、高潮顶点放在最后的手法,着实耐人寻味。

清明节的时候,诗人不能够回家扫墓,却孤零零一个人在异乡路上奔波,心里很不是滋味;更何况,天也不作美,阴沉着脸,毛毛细雨纷纷洒落,眼前迷蒙蒙的天,春衫湿漉漉的。诗人啊,简直要断魂了!找个酒家避避雨、暖暖身,消消心头的愁苦吧,可酒家在哪儿呢?诗人想着,便向路旁的牧童打听。末句"牧童遥指杏花村"中的"牧童"既是本句的主语,又是上句"借问"的对象。牧童的回答以行动代替语言,指向有酒家的方位。作者顺着他手指的方向望去,只见在一片红杏盛开的村庄里,隐隐约约露出了酒家的旗帜。"遥指"这一写法,历来受到评家的赞叹,因为"遥指"这一动作,与有声语言相比更富有韵味,更容易引起想象,有"此时无声胜有声"之意。

这首小诗,用优美生动的语言,描绘了一幅活灵活现的雨中问路图。全诗仅四句二十八字,但写得收放自如,曲直有致,极具章法。

登乐游原①

李商隐

向晚②意不适③,驱车登古原④。
夕阳无限好,只是近⑤黄昏。

注释:

①〔乐游原〕在长安(今西安)城南,是隋唐时期京城人们登高远眺和游玩的场所。乐游原在秦代属宜春苑的一部分,汉宣帝立乐游庙,又名乐游苑,后传为乐游原。

②〔向晚〕傍晚。

③〔不适〕不悦，不快。

④〔古原〕指乐游原。

⑤〔近〕快要。

赏析

这首诗被认为是感怀诗的代表作。作者寓人生哲理于美好的诗句，让读者在享受美好诗句的同时感悟人生。

一天傍晚，作者感到心情抑郁，便驾车外出登上了古老的乐游原散心。“向晚”，指天色快黑了。“不适”，指不悦。诗的前两句，点明了作者登古原的时间和原因。站在古原上远眺，夕阳下的景色尽收眼底，无限美好，只可惜已接近黄昏。“无限好”是对夕阳下美景的热烈赞美。然而“只是”二字，笔锋陡转，原本想出来解闷的作者触景生情，转到了更深的哀伤之中。这是诗人无力挽留美好事物发出的深深感慨。这两句含义深刻，它既是感叹美景不能长留，也是感叹国运将尽，更是感叹自己尽管有理想抱负却无法施展。

全诗语言毫无雕饰，节奏明快，感喟深沉，富于哲理。

小　松

杜荀鹤

自小刺头[①]深草里，而今渐觉出蓬蒿[②]。

时人不识凌云木，直待[③]凌云[④]始道[⑤]高。

注释：

①〔刺头〕指长满松针的小松树。

②〔蓬蒿(péng hāo)〕蓬蒿，即蓬草、蒿草。

③〔直待〕直等到。

④〔凌云〕高耸入云。

⑤〔始道〕才说。

赏析

《小松》借松写人，托物讽喻，寓意深长。松，树木中的英雄、勇士。数九寒天，百草枯萎，万木凋零，而它却苍翠凌云，顶风抗雪，泰然自若。然而凌云巨松是由刚出土的小松成长起来的。小松虽小，即已显露出必将"凌云"的苗头。《小松》前两句，生动地刻画出松树的这一特点。"自小刺头深草里"描写小松刚破土而出，小得可怜，路边野草都比它高，以至被淹没在"深草里"。但它小而不弱，在"深草"的包围中，它不低头，而是"刺头"——那长满松针的头，又直又硬，一个劲地往上冲刺，锐不可当。那些弱不禁风的小草是不能和它相匹敌的。"刺头"的"刺"，一字千钧，不但准确地勾勒出小松外形的特点，而且还把小松倔强的性格、勇敢的精神，形象地勾画出来。一个"刺"字，显示出小松具有强大的生命力；它的"小"，只是暂时的，相对的，随着时间的推进，它必然由小变大。

"而今渐觉出蓬蒿。"蓬蒿即蓬草、蒿草，草类中长得较高者。小松原先被百草踩在脚底下，可现在它已超出蓬蒿的高度；其他的草当然更不在话下。这个"出"字用得精当，不仅显示了小松由小转大、生长变化的情景，而且在结构上也起了承前启后的作用：

"出"是"刺"的必然结果，也是未来"凌云"的预兆。事物发展总是循序渐进，不可能一步登天，故小松从"刺头深草里"到"出蓬蒿"，只能"渐觉"。"渐觉"说得既有分寸，又很含蓄。

"时人不识凌云木，直待凌云始道高。"作者笔锋一转，发出深深的感慨。这里连说两个"凌云"，前一个指小松，后一个指大松。大松凌云，已成事实。小松尚幼，和小草一样貌不惊人，如果能识别它就是“凌云木”，而加以爱护、培养，那才是有见识、有远见，然而世俗之人所缺少的正是这个见识。所以诗人感叹说，眼光短浅的时人，是不会把小松看作栋梁之材的，有多少小松由于时人不识，而被摧残、被砍杀啊！这些小松，和韩愈笔下“骈死于槽枥之间”的千里马，不是同样遭遇悲惨的命运吗？

杜荀鹤出身寒微，虽然年轻时就才华毕露，但由于“帝里无相识”（《辞九江李郎中入关》），以至屡试不中，报国无门，一生潦倒。埋没深草里的“小松”，也正是诗人的自我写照。由于诗人观察敏锐，体验深切，诗中对小松的描写，精炼传神，诗情与哲理，幽默和严肃，在这首诗里得到有机的统一，字里行间，充满理趣，耐人寻味。

赠少年

温庭筠

江海相逢客恨多①，秋风叶下洞庭波②。

酒酣夜别淮阴市，月照高楼一曲歌③。

注释：

①〔江海相逢客恨多〕忽遇友人本当高兴，由于彼此失意，故觉颇多苦恨。江海，泛指外乡。

②〔秋风叶下洞庭波〕在秋风萧瑟的时节，诗人与一少年相遇。彼此情意相投，瞬息又要分别，自然流露出无限离愁与别恨，给人以极深的艺术感染。屈原《九歌·湘夫人》有“袅袅兮秋风，洞庭波兮木叶下”句。

③〔月照高楼一曲歌〕高楼对月，他和少年知音，放歌一曲以壮志告勉，表达豪放不羁的情怀。

赏析

此诗描写诗人与一少年相逢又相别的场面，表达了无限的离恨别情，抒发了深沉的豪情壮怀。全诗善于用典寄托情怀，且不着痕迹，自然地与写景叙事融为一体，景中见情，含蓄隽永。

诗人在秋风萧瑟的时节与一位少年相遇，彼此情味相投，但只片刻幸会，随即就分手了。诗人选择相逢又相别的瞬间场面来表现“客恨”，自然地流露出无限的离恨别情，给人以颇深的艺术感染。诗的前半部分融情入景，“客恨”的含意还比较含蓄；后半部分借酒消愁，意思就显露得多了。“酒酣夜别淮阴市，月照高楼一曲歌”，这里用淮阴侯韩信的故事暗喻。韩信年少未得志时，曾受辱胯下，贻笑于淮阴市集。后来他征战沙场，成为西汉百万军中的统帅。作者温庭筠也是才华出众，素有大志，但因其恃才傲物，终不为所用，只落得身世飘零，颇似少年韩信。故“酒酣夜别淮阴市”一句，有诗人期待自己向昨天的耻辱告别之意，所以最后诗人和少年知音放歌一曲，以壮志共勉，表达了一种豪放不羁的情怀。

蜂

罗　隐

不论平地与山尖[①]，无限风光尽[②]被占[③]。
采得百花成蜜后，为谁辛苦为谁甜？

注释：

①〔山尖〕山峰。

②〔尽〕都。

③〔占〕占其所有。

赏析

诗人以蜜蜂做比喻，表达了对辛勤耕作的劳动人民的赞美和对不劳而获者的痛恨和不满，表现了他对社会和历史问题的深刻思考。

前两句写蜜蜂的生存状态，在山花烂漫间不停穿梭、劳作，广阔的领地给了它们相当大的施展本领的空间。蜜蜂在辛勤劳动中"占尽风光"，简单看来平平无奇，实则是匠心独运，先扬后抑，为下文的议论做出了铺垫。

后两句紧接"蜜蜂"这一意象，把它象征的"劳动者"意象加以引申、扩大，发出"采得百花成蜜后，为谁辛苦为谁甜"的一声叹息。同时也提出一个耐人寻味的问题：已采的百花酿成蜜，辛辛苦苦的劳作终于有了可喜的成果，但这般辛劳到底又是为了谁呢？在当时黑暗腐朽的社会里，为的正是那些不劳而获、占据高位、手握重权的剥削者，此中的讽意不言而明。诗人以反诘的语气控诉了那些沉迷利禄之人，感喟良久之余不禁又对广大的劳苦人民产生了怜悯之情，从另一个侧面对这种不劳而获的现实加以嘲讽和鞭笞，在为劳动人民鸣冤叫屈的同时也是对自己久沉下僚、壮志难酬的境遇予以申诉，表达了对唐末朋党倾轧、宦官专权、民不聊生的社会现象的痛恨之情。

蒙学经典——《增广贤文》精选

第二十一则

远水难救近火，远亲不如近邻。
有茶有酒多兄弟，急难何曾见一人？
人情似纸张张薄，世事如棋局局新。

【释文】远处的水无法用来扑救近处的大火，远方的亲戚也不如邻居能够随时帮忙。当你有茶有酒的时候，有许多称兄道弟的朋友围着你，可是在你危难之时，这些人却一个也不见了。人与人之间的情意，就像纸一样薄；世上的事就像棋局，每一局都变化万千。

【析论】本则内容讲人际关系。首先要珍惜邻里之间的友谊，其次要懂得君子之交淡如水，酒肉朋友靠不住。世间人情虽薄，但也不必悲观失望，因为每一天都会呈现给你新的机遇，更何况一个人的生命是有限的，我们应该把握好自己的每一天、每一刻。

第二十二则

力微休负重，言轻莫劝人。

无钱休入众，遭难莫寻亲。

平生不做皱眉事，世上应无切齿人。

【释文】身体单薄就不要去逞强背负重物，说话没分量就不要去规劝别人。破落后就别再和有钱人厮混在一起，遭遇困难之际千万别去求亲戚帮助。平时不做亏心事，世上就不会有痛恨你的人。

【析论】本则内容讲的是处世哲学，讲得入木三分。一个人，如果不知道人微言轻而去规劝别人，无钱而入众，遭难而寻亲，恐怕难免自讨苦吃、徒落无趣，所以做事还是要量力而行。

第二十三则

士者国之宝，儒为席上珍。

【释文】有才能的人是国家的财富，有学问的人就像宴席上珍贵的美味一样。

【析论】本则内容指明了人才的重要性。在我国古代，人们便十分尊重知识、尊重人才，在现代化的今天，知识仍然对社会进步、科技创新、国富民强起着举足轻重的作用。

第二十四则

求人须求大丈夫，济人须济急时无。
渴时一滴如甘露，醉后添杯不如无。

【释文】寻求帮助应该去找真正的男子汉，接济人时特别要帮助那些急需救济的人。口渴的时候一滴水也会像甘露那样甜美，喝醉酒后再加酒还不如不添。

【析论】不论是求人帮助还是帮助别人，都应掌握时机，找好对象。锦上添花固然好，雪中送炭更珍贵。患难见真情，人在危难时得到帮助会永生难忘。

第二十五则

积金千两，不如明解经书。
有田不耕仓廪虚，有书不读子孙愚。
仓廪虚兮岁月乏，子孙愚兮礼仪疏。
听君一席话，胜读十年书。
人不通古今，马牛如襟裾。
茫茫四海人无数，哪个男儿是丈夫！
白酒酿成缘好客，黄金散尽为收书。

【释文】积蓄很多金钱，不如多买些书留给后代使之明白事理。有田不去耕种，仓库就会空虚；有书不去读，子孙就会愚笨。粮仓空虚生活就没有保障，子孙愚笨就会不讲礼义。与博学之人畅谈一次，收益胜过读十年书。一个人如果不能博古通今，那就像牛马穿上衣裳。茫茫人海之中，有谁能称得上是真正有作为的男子汉呢？酿成美酒是因为喜欢与朋友相聚,花掉全部家财是为了购买书籍。

【析论】本则内容讲教育、读书的重要性。不受教育,人同动物便没有什么两样。黄金有价,知识无价,文化知识应是父母能够给予子女的最好财富。

第二十六则

救人一命,胜造七级浮屠。

城门失火,殃及池鱼。

庭前生瑞草,好事不如无。

【释文】搭救别人一条性命,胜过修建一座七层宝塔的功德。城门着了火,取水救火,护城河里的鱼也会遭受无水的祸害而死。院子里长出象征祥瑞的草,本来是件好事,但也许会因此而招来灾难,这样的好事还不如没有。

【析论】帮助别人的行为是值得赞扬的,但也应该学会保护自己,以免遭受无辜的伤害。同时,还要学会辩证地看问题,时时警惕一些"好事"之中可能隐藏着的祸患。

第二十七则

欲求生富贵,须下死工夫。

百年成之不足,一旦坏之有余。

【释文】人生在世,要想得到富贵,必须付出艰辛的努力。有时想做一件事,奋斗多年也不一定成功,但是想要毁坏它,一瞬间就绰绰有余了。

【析论】本则内容讲要做成一件事情很不容易,除了要付出艰辛的努力,还要时时注意其中的每一个细节,以防功败垂成。

第二十八则

人心似铁,官法如炉。

善化不足,恶化有余。

【释文】如果把人心比作铁，那么国家的法律就是冶炼的熔炉。倘若善性对你的感化不够，那么恶性对你的感化就会变本加厉。

【析论】本则内容主要讲法制的威严和教化的重要。一个人要多接受教育，与人为善，万万不可以身试法，自取灭亡。

第二十九则

水至清则无鱼，人太察则无谋。
知者减半，愚者全无。

【释文】水太过清澈就不会有鱼存活，人太在意细枝末节的东西就会忽略了宏谋大略。世上的聪明人若减少一半，愚笨的人就都没有了。

【析论】任何事都不能太绝对，太较真。万事万物都有其存在的道理，自然界是这样，人类社会也是如此。

第三十则

是非终日有，不听自然无。
宁可正而不足，不可邪而有余。
宁可信其有，不可信其无。

【释文】是是非非的事每天都有，如果不去听自然也就没有了。宁可遵守正道而贫困，也不能行邪道而富有。有些不利因素宁可相信它存在，也不要认为它没有。

【析论】本则内容是讲处事良方。凡事不可斤斤计较、因小失大，不可为了财富而走邪路。不确定的事，不能轻易地就否定它。这些都是处理日常问题所应采取的正确办法。

第七单元

宋 代

雨霖铃

柳 永

寒蝉凄切[①],对长亭[②]晚,骤雨[③]初歇。都门[④]帐饮[⑤]无绪[⑥],留恋处,兰舟[⑦]催发。执手相看泪眼,竟无语凝噎[⑧]。念去去[⑨],千里烟波,暮霭[⑩]沉沉[⑪]楚天[⑫]阔。

多情自古伤离别,更那堪、冷落清秋节!今宵[⑬]酒醒何处?杨柳岸,晓风残月。此去经年[⑭],应是良辰好景虚设。便纵有千种风情,更与何人说?

注释:

①〔凄切〕(叫声)凄凉急促。

②〔长亭〕古代在交通要道边每隔十里修建一座长亭供行人休息,又称"十里长亭"。

③〔骤雨〕急猛的阵雨。

④〔都门〕国都之门。这里代指北宋的首都汴京(今河南开封)。

⑤〔帐饮〕在郊外设帐饯行。

⑥〔无绪〕情绪不佳。

⑦〔兰舟〕相传鲁班曾刻木兰树为舟。这里用做对船的美称。

⑧〔凝噎(yē)〕喉咙哽塞,欲语不出的样子。

⑨〔去去〕重复言之,表示行程遥远。

⑩〔暮霭〕傍晚的云雾。

⑪〔沉沉〕深厚的样子。

⑫〔楚天〕指南方楚地的天空。

⑬〔今宵〕今夜。

⑭〔经年〕年复一年。

赏析

柳永,原名柳三变,排行第七,世称柳七,福建崇安人,北宋杰出的词人,婉约派最具代表性的作家之一。本词是他的代表作之一。

词的上片写一对恋人饯行时难分难舍的别情。起首三句写别时之景,点明了地点和节序。时当秋季,景已萧瑟;且值天晚,暮色阴沉;而骤雨滂沱之后,继之以寒蝉凄切。词人所见所闻,无处不凄凉。

下片先宕开一笔,泛论人生哲理:“多情自古伤离别。”意思是说伤离惜别,并不自我始,自古皆然。然而“更那堪、冷落清秋节”,写出了伤别而适遇清秋,递进而倍增伤感,离情更甚于常时。

这首词写离情可谓淋漓尽致,备足无余。写将别、临别、别后的种种设想,还有别后的情景描绘得比真的还真,同时以景衬之,使人不觉得虚构,这实在是柳永艺术手法的高明之处。

水调歌头

苏　轼

丙辰中秋，欢饮达旦①，大醉，作此篇。兼怀子由②。

明月几时有？把酒③问青天。不知天上宫阙④，今夕是何年。我欲乘风归去⑤，又恐琼楼玉宇⑥，高处不胜寒。起舞弄清影⑦，何似⑧在人间？

转朱阁，低绮户，照无眠⑨。不应有恨，何事长向别时圆？人有悲欢离合，月有阴晴圆缺，此事古难全。但⑩愿人长久，千里共婵娟⑪。

注释：

①〔达旦〕至早晨，到清晨。

②〔子由〕苏轼的弟弟苏辙的字。

③〔把酒〕端起酒杯。把，执、持。

④〔天上宫阙〕指月中宫殿。阙，古代宫殿前左右竖立的楼观。

⑤〔归去〕回到天上去。

⑥〔琼楼玉宇〕美玉砌成的楼宇。指想象中的仙宫。

⑦〔弄清影〕月光下的身影也跟着做出各种舞姿。

⑧〔何似〕哪里比得上。

⑨〔转朱阁，低绮户，照无眠〕月儿转过朱红色的楼阁，低低地挂在雕花的窗户上，照着没有睡意的人(指词人自己)。朱阁，朱红的华丽楼阁。绮户，雕饰华丽的门窗。

⑩〔但〕只。

⑪〔千里共婵娟〕虽然相隔千里，也能共享这美好的月光。共，一起欣赏。婵娟，指月亮。

赏析

此词作于宋神宗熙宁九年(1076)的中秋之夜，此时作者任密州(今山东诸城）太守。从小序可知，这是词人醉后抒怀之作，同时表达对兄弟苏辙（子由）的思念。

这首词以月起兴，与弟苏辙七年未见之情为基础，围绕中秋明月展开想象和思考，把人世间的悲欢离合之情纳入对宇宙人生的哲理性追寻之中，反映了作者复杂而又矛盾的思想感情，又表现出作者热爱生活与积极向上的乐观精神。上片借明月自喻孤高，下片用圆月衬托别情。“转朱阁，低绮户，照无眠”三句，实写月光照人无眠。结尾二句，“但愿人长久，千里共婵娟”，这是词人向天下所有离别的亲人发出深挚的祝愿，也是对理想人生的殷切祈求。

此词是苏词代表作之一。它构思奇特，独辟蹊径，极富浪漫色彩。在表现上，词的上片高屋建瓴，下片峰回路转。上片是对古老神话传说、故事笔记的推陈出新，也是对魏晋六朝游仙诗的递进发展；下片白描素写，人月双济，名为演绎物理，实则阐释人生。在布局上，本词上片凌空而起，直入虚境；下片波澜层叠，返虚转实；最后虚实相间，恢宏作结。

声声慢

李清照

寻寻觅觅[①]，冷冷清清，凄凄惨惨戚戚[②]。乍暖还寒[③]时候，最难将息[④]。三杯两盏淡酒，怎敌[⑤]他、晚来风急？雁过也，正伤心，却是旧时相识。

满地黄花堆积，憔悴损[⑥]，如今有谁堪摘[⑦]？守着窗儿，独自怎生[⑧]得黑？梧桐更兼细雨，到黄昏、点点滴滴。这次第[⑨]，怎一个愁字了得！

注释：

①〔寻寻觅觅〕苦苦地寻寻觅觅，表现非常空虚怅惘、迷茫失落的心态。

②〔凄凄惨惨戚戚〕忧愁苦闷的样子。

③〔乍暖还寒〕指秋天的天气，乍暖乍寒，忽冷忽热。

④〔将息〕调养休息，保养安宁之意。

⑤〔怎敌〕怎么对付、抵挡。

⑥〔损〕表示程度极高。

⑦〔堪摘〕可摘。

⑧〔怎生〕怎样，如何。

⑨〔次第〕光景、情境。

赏析

这首作法独特的词，就其内容而言，是一篇悲秋赋。

开头一句，从“寻寻觅觅”开始，可见作者从一起床便百无聊赖，若有所失，于是东张西望，仿佛漂流在茫茫大海中的人要抓到点什么才能得救似的，希望找到点什么来寄托自己的空虚寂寞。下句“冷冷清清”，是“寻寻觅觅”的结果，不但一无所获，反而有一种孤寂清冷的气氛袭来，使自己感到凄惨忧戚，于是她更加觉得“凄凄惨惨戚戚”。仅此三句，连叠七字，声情并茂地总写词人的悲伤心情，给全篇定下一种愁惨而凄厉的基调。

下片由秋日高空转入自家庭院。园中开满了菊花，秋意正浓。这里“满地黄花堆积”是指菊花盛开，“憔悴损”指自己因忧伤而憔悴瘦损。正由于自己无心看花，虽值菊堆满地，却不想去摘它赏它，然而人不摘花，花当自萎；及花已损，则欲摘已不堪摘矣。这里既写出了自己无心摘花的郁闷，又透露了惜花将谢的情怀，笔意深远。

这首词始终紧扣悲秋之意，通过对残秋景象的层层谱写，表现作者饱经离乱的苦楚和晚年的悲凉。通篇纯用白描，满纸呜咽，被词评家称为“绝世奇文”(陆以湉《冷庐杂识》卷五)。

满江红[1]

岳　飞

怒发冲冠[2]，凭栏处、潇潇雨歇。抬望眼，仰天长啸[3]，壮怀激烈。三十功名尘与土，八千里路云和月。莫等闲[4]、白了少年头，空悲切。

靖康耻[5]，犹未雪；臣子恨，何时灭？驾长车、踏破贺兰山缺。壮志饥餐胡虏肉，笑谈渴饮匈奴血。待从头、收拾旧山河，朝天阙[6]。

注释：

①〔满江红〕原为吴民祭祀河神的迎神之曲。

②〔怒发冲冠〕形容愤怒至极。

③〔长啸〕感情激动时撮口发出清而长的声音，为古人的一种抒情之举。

④〔等闲〕轻易，随便。

⑤〔靖康耻〕宋钦宗靖康二年(1127)，金兵攻陷汴京，掳走徽、钦二帝，北宋遂亡。

⑥〔天阙〕宫殿前的楼观。

赏析

这是一首气壮山河、传诵千古的名篇，表现了作者大无畏的英雄气概，洋溢着浓烈的爱国主义激情。绍兴六年(1136)岳飞率军从襄阳出发北上，陆续收复了洛阳附近的一些州县，前锋逼近北宋故都汴京，大有一举收复中原，直捣金国老巢黄龙府之势，但此时的宋高宗一心议和，岳飞不得已率军回到鄂州。他痛感坐失良机，收复失地、洗雪靖康之耻的志向难以实现，在百感交集中写下了这首气壮山河的词。

上片写作者要为国家建立功业的急切心情。开头这几句写在潇潇的雨声停歇的时候，他倚着高楼上的栏杆，抬头遥望远方，仰天放声长啸！下片写了三层意思：对金贵族掠夺者的深仇大恨；统一祖国的殷切愿望；忠于朝廷、忠于祖国的赤诚之心。

过零丁洋①

文天祥

辛苦遭逢②起一经，干戈③寥落④四周星。
山河破碎风飘絮⑤，身世浮沉雨打萍⑥。
惶恐滩⑦头说惶恐，零丁洋里叹零丁⑧。
人生自古谁无死？留取丹心⑨照汗青⑩。

注释：

①〔零丁洋〕在今广东省珠江口外。1278年年底，文天祥率军在广东五坡岭与元军激战，兵败被俘，押送大都时曾经过零丁洋。

②〔遭逢〕遭遇。

③〔干戈〕指抗元战争。

④〔寥(liáo)落〕荒凉冷落。

⑤〔絮〕柳絮。

⑥〔萍〕浮萍。

⑦〔惶恐滩〕在今江西省万安县，是赣江中的险滩。1277年，文天祥在江西被元军打败，所率军队死伤惨重，其妻子儿女也被元军俘虏。他经惶恐滩撤到福建。

⑧〔零丁〕孤苦无依的样子。

⑨〔丹心〕红心，比喻忠心。

⑩〔汗青〕古时在竹简上记事，采来青色的竹子，先用火烤干其水分，干后易写而且不受虫蛀。烤时竹子上冒出的水像汗一样，故称汗青。后用来泛指书籍史册。

赏析

南宋末年，文天祥在潮州与元军作战，被俘送京，途经零丁洋时，元军逼迫他招降坚守崖山的宋军，他写下了这首诗。诗人以诗明志，表现出视死如归的高风亮节和大义凛然的英雄气概。

“辛苦遭逢起一经，干戈寥落四周星”，此联为诗人回顾自己的仕途和征战的经历。诗人因科举而蒙朝廷重用，在荒凉冷落的战争环境中已经度过了四个春秋。“干戈寥落”在此亦指宋元间的战事已经接近尾声，南宋几近灭亡。“山河破碎风飘絮，身世浮沉雨打萍”写破碎的山河犹如风中飘絮，动荡不安的一生就像雨打浮萍。国家的灾难、个人的坎坷浓缩在这两个比喻句中，意思是国家和个人的命运都已经难以挽回。“惶恐滩头说惶恐，零丁洋里叹零丁”，写的是诗人曾在惶恐滩头为自己的命运惶恐忧虑，而今途经零丁洋又怎能不感叹自己的孤苦伶仃，无力挽救国家？“人生自古谁无死？留取丹心照汗青”，此联慷慨陈词，直抒胸中正气，表现出作者舍生取义、视死如归的坚定信念和昂扬斗志，因此成为千古流传的名句。

这首诗沉痛悲凉，既叹国运又叹自身，把家国之恨、个人之厄渲染到极致，但在最后一句却由悲而壮、由郁而扬、慷慨激昂、掷地有声，以磅礴的气势、高亢的语调显示了诗人的民族气节和舍生取义的生死观。

蒙学经典——《增广贤文》精选

第三十一则

结交须胜己，似我不如无。

但看三五日，相见不如初。

人情似水分高下，世事如云任卷舒。

【释文】交朋友最好要交在某一方面胜过自己的,和自己差不多的人还不如不交。只要同友人相处三五天,见面的印象就没有刚见时那么好。人们之间的情谊像水一样有深有浅各不相同;世上的事像云一样变幻莫测,不必太计较。

【析论】要用发展的眼光来择友和看待友情。与高雅之士在一起,你也会变得高雅,这就是"结交须胜已"的良苦用心所在。

第三十二则

会说说都是,不会说无礼。
磨刀恨不利,刀利伤人指;
求财恨不多,财多反害己。
知足常足,终身不辱;
知止常止,终身不耻。
有福伤财,无福伤己。
差之毫厘,失之千里。

【释文】能说会道的人,说的都是理;口舌笨拙的人,说出的话让人不舒服。磨刀时唯恐不锋利,但刀过于锋利则容易割伤自己的手指;寻求财富时总嫌不够多,可是钱财多了反而会害了自己。经常满足于已经得到的东西,经常满足于已经达到的目标,这样的人就不会招来耻辱。危难之时,只是损失些钱财,应算是有福之人,如果伤及身体,那才是真的不幸了。开始时只是出现毫厘的差错,结果却离正确的目标千里之远。

【析论】一个人会不会说话,原因是多方面的,有家庭的教育因素,也有个人的知识水平、社会阅历、人际交往、思维能力和语言表达技巧等。至于说话的内容,则和一个人的知识、阅历有直接关系。因此,一个人要学会说话,学会表达自己的思想,要加强多方面的修养和锻炼。

世界上的事物都有两面性,钱财也是一样。一些人过于贪财,总嫌钱财不够多，往往会因贪图钱财而不择手段，甚至铤而走险，最终断送了自己。

对个人追求的名利、地位要有节制，不要总是对个人利益不满足。欲壑难填，利欲熏心，任其所为，必遭大祸。

第三十三则

若登高必自卑，若涉远必自迩。
三思而行，再思可矣。

【释文】登上高处的人，也是从低处一步一步登上去的；走得再远的人，也是从近处一步一步迈过去的。凡事思量三次才行动，但一般情况下思量两次也就可以了。

【析论】做事要“稳”。无论做任何事，都要踏踏实实，一步一个脚印地去做，不可急于求成。“万丈高楼平地起”“千里之行，始于足下”说的就是这个道理。在处理复杂的事情时，一定要沉着、冷静，要斟酌利弊、掂量轻重、考虑周全，做到万无一失。

第三十四则

使口不如自走，求人不如求己。
小时是兄弟，长大各乡里。
嫉财莫嫉食，怨生莫怨死。
人见白头嗔，我见白头喜；
多少少年郎，不到白头死。

【释文】问别人路怎样走，不如自己去实践一下；请求别人帮助，不如自己想办法解决。小时候是亲密的兄弟，长大后则各奔东西。可以嫉恨钱财但不要嫉恨食物，可以怨恨生者但不可怨恨死者。别人发现头发白了很生气，我见了却很高兴，因为有多少人年纪轻轻，没等到头发变白就离开了人世！

【析论】本则内容讲的是要有正确的思想和心态。“使口不如自走”是说要有重视实践的思想，光靠书本知识、光靠别人讲述是得不到真知的。要有一种积极的人生态度，遇到问题、困难积极主动地去解决、去克服，不要有依赖心理，更不要什么事情都去求人，要立足于自力更生。

嫉妒是一种个人私欲极强的扭曲的心理意识。见到别人在某些方面比自己强，心理就不平衡，甚至产生邪念，这些都是不应该的。防止嫉妒最好的办法就是正确认识和看待别人与自己的能力，调整好心态。

“见白头喜”是一种乐观向上的人生态度。生老病死，无法抗拒，既然拥有过天真烂漫、无忧无虑的童年，风华正茂、血气方刚的青壮年，就应坦然面对人生的晚年。

第三十五则

墙有缝，壁有耳。

好事不出门，坏事传千里。

【释文】墙壁有缝隙，会把声音传出去；隔墙有耳，要时时提防。好的事情连家门都不易传出，但坏事却会很容易传遍千里之外。

【析论】若要人不知，除非己莫为。我们一定要严于律己，加强修养，任何时候都不能放纵自己，以免铸成大错。

第三十六则

贼是小人，智过君子。

君子固穷，小人穷斯滥矣。

贫穷自在，富贵多忧。

【释文】贼虽然是卑鄙的小人，但他的智能有时可能超过品行高尚的君子。有高尚情操的人能在贫穷时坚守节操，而卑贱的小人则会胡作非为。人虽贫穷但活得自在，富有的人却有很多的忧虑。

【析论】一些小人贼子的智商甚至高于常人，只是他没把聪明才智用到正道上。脑子笨并不可怕，只要你肯学习；贫穷并不可怕，怕的是穷而无志。只要立志好学，树立正确的人生观，就一定能成为对社会有用之才。

第三十七则

不以我为德，反以我为仇。

宁可直中取，不可曲中求。

【释文】做了好事，一些人非但不感激，反而把我当作仇敌。宁可用正当的手段争取，也决不用歪门邪道的手段去谋求。

【析论】人与人相处，应以德报德，不要以怨报怨，更不要以怨报德。做人应该光明磊落，想得到某种东西，就用正当的手段去争取；而不能不择手段，甚至不惜走歪门邪道，这样做的后果是不堪设想的。

第三十八则

人无远虑，必有近忧。

知我者谓我心忧，不知我者谓我何求。

【释文】人如果没有长远的打算，就一定会被眼前的琐事困扰。了解我的人能说出我内心的忧愁，不了解我的人还以为我有所求。

【析论】忧虑有两种：第一种是因缺乏远大的目标，而仅为眼前一些鸡毛蒜皮的小利患得患失的自忧。[我们应该把目标放得长远一点，趁着风华正茂，有所作为，为将来能干出一番事业而努力。第二种是为国为民而忧。这是一种崇高的民族情感。]

第三十九则

晴天不肯去，直待雨淋头。

成事莫说，覆水难收。

【释文】天气好时不肯出行，要等到大雨淋头时再行动，已经晚了。事情一旦做了，就不要再多说什么，泼出去的水是收不回来的。

【析论】本则内容劝诫人们，无论做任何事都应当机立断，不能犹豫不决，拖拖拉拉，以免贻误了最佳时机。凡事只要是自己决定了的，无论对错，都不要后悔。这就要求我们平时养成办事果断的作风，同时养成事前周密考虑，办事谨慎的习惯。谨慎是果断的前提和基础，果断是谨慎的结果和归宿。

第四十则

是非只为多开口，烦恼皆因强出头。

忍得一时之气，免得百日之忧。

【释文】是非是因为多说话招引的，烦恼是由于自不量力、争强好胜招致的。只有忍住一时的怒气，才能避免长时间的忧患。

【析论】俗话说言多必失，如果不分场合、不看对象，信口雌黄，肯定会"说"出麻烦来。因此，在说话时，要注意场合，讲究分寸。在日常生活中，"忍"体现了一个人的涵养，是一种美德，但也要具体情况具体分析，不可一概而论。

第八单元

元明清

天净沙[1]·秋思

马致远

枯藤[2]老树昏鸦，
小桥流水人家[3]，
古道[4]西风瘦马[5]。
夕阳西下，
断肠人[6]在天涯[7]。

注释：

①〔天净沙〕曲牌名。

②〔枯藤〕枯萎的枝蔓。

③〔人家〕农家。此句写出了旅人对温馨的家庭的渴望。

④〔古道〕古老荒凉的道路。

⑤〔瘦马〕骨瘦如柴的马。

⑥〔断肠人〕形容伤心悲痛到极点的人，此处指漂泊天涯、极度忧伤的旅人（作者）。

⑦〔天涯〕天边，指远离家乡的地方。

赏析

《天净沙·秋思》是元代著名杂剧家马致远创作的小令，是一首著名的散曲作品。全曲仅五句二十八字，语言极为凝练却容量巨大，意蕴深远，结构精巧，顿挫有致，因此被誉为“秋思之祖”（周德清《中原音韵》）。

这支小令句法别致，前三句全由名词性词组构成，一共列出九种意象，言简而意丰。“枯藤”“老树”“昏鸦”“小桥”“流水”“人家”，12个字囊括了六种客观景物，中间没有一个动词，却让这些平淡无奇的客观景物构成了一幅深秋僻静的村野图景。枯、老、昏这三个字别有韵味，枯败的藤萝、苍老的古树、黄昏时的乌鸦，给人以凄凉的感觉。“小桥”“流水”“人家”，给人以幽雅闲致之感，在萧瑟暗淡的气氛里，又显示出一种清新幽静的境界。“古道”“西风”“瘦马”，描写出秋风萧瑟苍凉凄苦的意境，为僻静的村野图景又增添了一层荒凉感。从小令最后一句可知，此处并不是游子的故乡，眼前安逸闲适的景色令浪迹天涯的游子更加思念自己的家乡。

这支小令的最大特色在于：以景托情，寓情于景，在情景的交融中营造出一种凄凉悲苦的意境；善于加工提炼，用极其简练的白描手法，勾勒出一幅游子深秋远行图；采用悲秋这一审美情感体验方式，来抒发羁旅游子的悲苦情怀，使个人的情感获得普遍的社会意义。

山坡羊[①]·潼关[②]怀古

张养浩

峰峦[③]如聚,波涛如怒,
山河表里[④]潼关路。
望西都[⑤],意踌躇[⑥]。
伤心秦汉经行处[⑦],
宫阙[⑧]万间都做了土。
兴[⑨],百姓苦;亡,百姓苦。

注释:

①〔山坡羊〕曲牌名。

②〔潼关〕关名,在今陕西省潼关县东北,历代皆为军事要地。

③〔峰峦〕山峰和山峦。

④〔山河表里〕指潼关一带地势险要。外有黄河,内有华山,是为表里。

⑤〔西都〕指长安,今陕西省西安市。

⑥〔踌躇〕原指犹豫不决、徘徊不前。此处表示思潮起伏,陷入沉思。

⑦〔经行处〕经过的地方。

⑧〔宫阙〕宫,宫殿。阙,皇宫前的望楼。

⑨〔兴〕兴盛。与下边的“亡”(灭亡)相对,指封建社会的改朝换代。

赏析

这支小令是元文宗天历年间,关中大旱,张养浩被征召任陕西行台中丞,在赴任途中经过潼关时触发了怀古之情而作。此曲表现了作者对民间疾苦的关心和同情。作者抚今追昔，从历代王朝的兴衰更替，联想到人民的苦难，一针见血地点出了封建统治者与人民的对立，表达了作者对历史的思索和对人民的同情。这种同情与关怀的出发点是儒家经世济民的思想，这一思想在传统的五言、七言诗歌中较为常见，但在元代散曲中却是少有。全曲采用的是层层深入的方式，由写景而怀古，再引发议论，将苍茫的景色、深沉的情感和精辟的议论三者完美结合，具有强烈的感染力，字里行间充满着历史的沧桑感和时代感，既有咏怀古诗的特色，又有与众不同的沉郁风格。

这支小令，以深邃的历史眼光揭示出一条颠扑不破的真理：兴，百姓苦；亡，百姓苦！即不管封建王朝如何更迭，在统治者争城夺地的战争中，还是那些无辜的老百姓最受苦。它像一支高烧的红烛，照亮了人们的双眼，使人们认识到象征封建政权的宫阙，它的兴建是无数老百姓的白骨垒起来的；它的倒塌也有无数老百姓的白骨做了它的殉葬品。

石灰吟①

于　谦

千锤万凿②出深山，烈火焚烧若等闲③。
粉身碎骨全不怕，要留清白④在人间。

注释：

①〔石灰吟〕赞颂石灰。吟，吟颂。

②〔千锤万凿〕无数次的锤击开凿，形容开采石灰非常艰难。千、万，虚指，形容很多。锤，锤打。凿，开凿。

③〔若等闲〕好像很平常的事情。若，好像、好似。等闲，平常，轻松。

④〔清白〕指石灰洁白的本色，又比喻人高尚的节操。

赏析

《石灰吟》是于谦的一首托物言志诗。以石灰为吟咏对象，诗人采用象征手法，字面上是咏石灰，实际借物喻人、托物寄怀，表现了作者本人高洁的理想。

作为咏物诗，如果只是在那里描摹事物具体的形貌状态，而不对事物寄寓更深层次的含义，那就没有多大价值，只是一种文字游戏而已。这首诗的价值就在于作者并不是单纯地吟咏石灰本身，而是借物咏志，表达自己坚贞不屈的精神和清白正直的气节。我们可以看到，全诗的每一句，都不离咏物，都在惟妙惟肖地描写石灰的烧制过程，却又句句都有深意，都在说如何锻炼人的高尚品格。作者处处都在以石灰自喻，表达自己的人生理念。咏石灰的同时，也是在吟咏自己心目中的理想人格状态，吟咏自己磊落的襟怀。

石灰本是日常生活中十分平凡的东西，历代文人很少进行吟咏，而于谦却是独具慧眼，从平凡中看出不平凡，稍加提炼，就赋予石灰崇高的品格和顽强的精神。

竹　石

郑　燮

咬定[①]青山不放松，立根[②]原在破岩[③]中。
千磨万击[④]还坚劲[⑤]，任[⑥]尔[⑦]东西南北风。

注释：

①〔咬定〕咬紧。

②〔立根〕扎根，生根。

③〔破岩〕裂开的山岩，即岩石的缝隙。

④〔千磨万击〕指无数的磨难和打击。

⑤〔坚劲〕坚强有力。

⑥〔任〕任凭，无论，不管。

⑦〔尔〕你。

赏析

这首诗着力表现了竹子顽强而又执着的品质，是赞美岩竹的题画诗，也是一首咏物诗。开头用“咬定”二字，把岩竹拟人化，已传达出它的神韵；后两句进一步写岩竹的品格，它经过了无数次的磨难，长就了一身特别挺拔的姿态，从来不惧怕来自东西南北的狂风。郑燮不但写咏竹诗美，而且画出的竹子也栩栩如生，用他的话说是“画竹子以慰天下劳人”。这首诗表面上看似在写竹，实则写人，写作者自己那种正直倔强的性格，决不向任何邪恶势力低头的高傲风骨。同时，它还是一首托物言志诗，托岩竹的坚忍顽强，言自己刚正不阿、正直不屈、铁骨铮铮的品质。

这首诗的语言简洁明快却又坚强有力，具体生动地描述了竹子生在恶劣环境下而又自由自在、坚定乐观的品格。作者在赞美竹子的这种坚定顽强精神时，还表达了自己不怕任何打击的硬骨头精神。这首诗常被用来形容革命者在斗争中的坚定立场和受到敌人打击决不动摇的品格。

己亥杂诗(其一百二十五)

龚自珍

九州[①]生气[②]恃[③]风雷[④]，万马齐喑[⑤]究可哀。

我劝天公[⑥]重抖擞[⑦]，不拘一格降[⑧]人才。

注释：

①〔九州〕中国的别称之一。相传大禹治水时，把天下分为九州，分别是：冀州、兖州、青州、徐州、扬州、荆州、梁州、雍州和豫州。

②〔生气〕生气勃勃的局面。

③〔恃〕依靠。

④〔风雷〕此处喻指疾风迅雷般的社会变革。

⑤〔万马齐喑(yīn)〕比喻社会政局毫无生气。喑，哑，沉默。

⑥〔天公〕造物主。

⑦〔抖擞〕振作精神。

⑧〔降〕降生，降临。

赏析

这是一首出色的政治诗。全诗层次清晰，共分三个层次：第一层，写了万马齐喑、朝野噤声的死气沉沉的现实社会。第二层，作者指出要改变这种沉闷、腐朽的现状，就必须依靠风雷激荡般的巨大力量，暗喻必须经历波澜壮阔的社会变革才能使中国重新变得生气勃勃。第三层，作者认为这样的力量来源于人才，而朝廷所应该做的就是破格使用人才，只有这样，中国才有希望。诗中选用“九州”“风雷”“万马”“天公”这样具有壮伟特征的主观意象，寓意深刻，气势磅礴。

诗的前两句用了两个比喻，写出了诗人对当时中国形势的看法。“万马齐喑”比喻在腐朽、残酷的反动统治下，思想被禁锢，人才被扼杀，到处是昏沉死寂、庸俗愚昧、令人窒息的现实状况。“风雷”比喻新兴的社会力量，也比喻尖锐猛烈的社会变革。诗的后两句“我劝天公重抖擞，不拘一格降人才”是千古传诵的名句。诗人用奇特的想象表现了他热烈的希望，他期待着优秀杰出人物的涌现，期待着变革大势形成新的“风雷”、新的生机，一扫笼罩九州的沉闷、迟滞的局面，既揭露矛盾、批判现实，更憧憬未来、充满理想。他独辟蹊径，别开生面，呼唤变革，呼唤未来。

蒙学经典——《增广贤文》精选

第四十一则

人生一世，草长一春。

黑发不知勤学早，转眼便是白头翁。

月过十五光明少，人到中年万事休。

【释文】人活不过百年，草生不过一季。年轻时不知珍惜时光勤奋学习，转眼之间就成了白发老翁。月亮过了十五就会一天比一天暗淡，人到中年还一事无成，恐怕不会再有大的作为了。

【析论】时光飞逝，人生苦短，应趁青春年少求学上进，有所作为，而不要虚度光阴，白活一生。“人到中年万事休”一句，含有悲观消极的思想，中年同样可以有所作为，只要有永远进取的心态。

第四十二则

儿孙自有儿孙福，莫为儿孙做马牛。

人生不满百，常怀千岁忧。

【释文】子孙后代们自会有他们的福分，不必为他们过于操劳。人活一辈子不过百年，为什么却常常为千年内的事情担忧呢？

【析论】抚养、教育下一代是做家长的责任，要教育有方，父母要做的是教给子女做人的道理，培养子女为人处事的能力，做子女人生路上的指路人。

第四十三则

路逢险处难回避，事到头来不自由。

【释文】人在行路时，有时遇到的险阻是无法回避的，有些事情一旦发生，就不在我们的控制范围之内了。

【析论】凡事应三思而行，万万不可抱有“车到山前必有路”的幻想。真等到了山穷水尽之时，“柳暗花明又一村”的幸运恐怕很难会降临到你的头上。如果真出现了进退两难的情况，那么一定要冷静地选择出最可行的办法，走好那段难以回避的险路，做好那件不得不做的事情。

第四十四则

忍一句，息一怒；饶一着，退一步。

【释文】能忍住少说一句，就能平息别人一次愤怒；下棋时，你能让人一着，别人也会让你一步。

【析论】宽恕和谦让是美德。与人相处时，不必为一点小事而大动肝火，有了矛盾相互忍一忍，让一让，有助于问题的解决。只有相互谦让、理解和宽恕，大家才能和睦相处。

第四十五则

三十不豪，四十不富，五十将近寻死路。

一寸光阴一寸金，寸金难买寸光阴。

【释文】一个人，如果三十岁还不能逞英豪，四十岁还不富裕，五十岁时就已经临近死亡了。时间跟黄金一样宝贵，但黄金却买不到时间。

【析论】本则内容是在勉励世人，要在青春年少时有所作为，日后干出一番事业。不过，这种说法过于绝对，人即便是年轻时没有大的成就，中年时还是可以有所作为的，重要的是要抓住现在，切不可自暴自弃，一误再误，碌碌无为过一生。

第四十六则

好学者如禾如稻，不好学者如蒿如草。

【释文】爱好学习的人像禾苗庄稼一样是有用之材，不爱好学习的人像田中的杂草一样没有用处。

【析论】爱好学习的人、追求知识的人，才能成为社会有用之才。不学习就会愚昧，而愚昧从来不会给人们带来幸福。不学无术的人，心灵是黑暗的，而心灵的黑暗只能用知识来驱除。21世纪是知识竞争的时代，也是人才竞争的时代，我们应牢记古训，发奋学习，用知识武装自己，用知识报效国家。

第四十七则

羊有跪乳之恩，鸦有反哺之情。
孝顺还生孝顺子，忤逆还生忤逆儿；
不信但看檐前水，点点滴滴旧窝池。

【释文】羊羔有跪下接受母乳的感恩行为，小乌鸦有衔食反喂母鸦报答养育之恩的情义。孝顺的人生养的孩子也孝顺，不孝的人生养的孩子也忤逆，不信的话只需看看屋檐前流下的水，每一滴都落在旧的坑窝里。

【析论】羊跪乳，鸦反哺，动物尚且知养育之恩，何况人呢？孝敬父母是中华民族的优良传统，这种传统应该代代相传。为人父母的首先要孝敬老人，自己的孩子才能通过耳濡目染学会怎样孝敬父母；为人父母的对老人不尊不孝，那么他们的孩子也不会是孝顺的孩子。这说明在家教中，身教胜于言教。

第四十八则

用心计较般般错，退步思量事事宽。

【释文】用尽心思去计算比较，就会觉得事事都不如意；如果退一步去思量，就会感觉每一件事都很顺心。

【析论】我们对个人的得失、利益不必过多计较。整天想着自己这方面吃亏了，那方面占便宜了，就会活得很累。有些人为了蝇头小利斤斤计较，挖空心思到处算计，到头来还是竹篮打水一场空，不如退一步海阔天空。

同学之间有了矛盾，也要冷静对待，不要一遇事就火冒三丈，非要争个你高我低。有些事情，只要冷静想一想，或换位思考一下，就会有助于事情的解决。善于处理矛盾，是一门学问，也是一门艺术，应该在实践中注意学习和把握。

第四十九则

但行好事，莫问前程。

【释文】只要多做好事就行了，不要问前程如何。

【析论】本则出自清代李汝珍《镜花缘》第 71 回。一个人只需要做好事，而不要计较做好事是否会给自己带来好处。这是一种很高的思想境界。一个人活在世上，应该多做有益于社会、有益于人民的好事。做好事，不仅能给他人带来幸福与欢乐，自己也会从中得到愉悦。

第五十则

千经万典，孝悌为先。

【释文】所有的经典，无不以孝顺父母、敬重兄长为先。

【析论】“孝悌”是儒家思想的重要内容，是传统伦理观念的重要组成部分。忠、孝、节、义、礼、仪、廉、耻是维护社会伦理秩序的重要精神支柱，历来为传统社会所提倡。“孝悌”有其糟粕的一面，但更有可取的精华。我们今天提倡孝敬父母，提倡见义勇为，其中的“孝”“义”就汲取了儒家孝义中合理的成分。

图书在版编目(CIP)数据

国学经典诵读 / 严琼燕主编. —杭州：浙江大学出版社，2019.6(2025.7 重印)

ISBN 978-7-308-18725-1

Ⅰ. ①国… Ⅱ. ①严… Ⅲ. ①中华文化—中等专业学校—教材 Ⅳ. ①G634.301

中国版本图书馆 CIP 数据核字(2018)第 243158 号

国学经典诵读

严琼燕 主编

责任编辑 葛 娟
责任校对 杨利军 张振华
封面设计 春天书装
出版发行 浙江大学出版社
(杭州市天目山路 148 号 邮政编码 310007)
(网址：http://www.zjupress.com)
排　　版 杭州朝曦图文设计有限公司
印　　刷 杭州钱江彩色印务有限公司
开　　本 710mm×1000mm 1/16
印　　张 8
字　　数 135 千
版 印 次 2019 年 6 月第 1 版 2025 年 7 月第 3 次印刷
书　　号 ISBN 978-7-308-18725-1
定　　价 32.00 元